STARK in KLAUSUREN

Methodentraining Geographie

Rainer Koch • Jürgen Neumann

Oberstufe

Bildnachweis
Umschlagbild: lightwise – 123RF

www.stark-verlag.de

Inhaltsverzeichnis

Vorwort

Liebe Schülerin, lieber Schüler,

in keinem anderen Fach der Oberstufe stehen Sie so häufig und regelmäßig vor der Anforderung, **unterschiedlichste Materialien** (Karten, Bilder, Tabellen, Diagramme, Modelle, Sachtexte, Karikaturen u. a.) auswerten zu müssen wie im Fach Geographie. Nicht zuletzt aus diesem Grund besitzt die geographische **Methodenkompetenz** eine sehr große Bedeutung. Der oft umfangreiche Materialteil in Klausuren und in den Abiturprüfungen sowie die darin enthaltenen verschiedenartigen Materialtypen verlangen von Ihnen z. T. sehr unterschiedliche methodische Vorgehensweisen.

Mit diesem **Methodentraining Geographie** halten Sie eine wertvolle Unterstützung für Ihre Vorbereitung auf Klausuren sowie auf die schriftliche und mündliche Abiturprüfung in Händen. So können Sie das im Unterricht erworbene Methodenwissen komplett auffrischen und bei Bedarf ergänzen.

Wir Autoren sind sicher, dass Sie sich mit diesem Methodenband selbstständig und erfolgreich auf Klausuren und Ihr Geographie-Abitur vorbereiten können. Dabei wünschen wir Ihnen viel Erfolg!

Rainer Koch

Jürgen Neumann

So arbeiten Sie mit diesem Buch

Jedes der **fünf Großkapitel** ist in **mehrere Teilkapitel** untergliedert, die wie folgt aufgebaut sind:

- Im jeweils ersten Teilkapitel **„Allgemeines“** finden Sie Hinweise zur Darstellungsart und zu deren Eignung, bestimmte Sachverhalte grafisch abzubilden. Wichtiges und Fachbegriffe sind dabei durch Fettdruck hervorgehoben.
- Im zweiten Teilkapitel **„Auswerten von …“** wird Ihnen anhand eines konkreten Beispiels die schrittweise Erschließung des Materials aufgezeigt.
- Im dritten Teilkapitel **„Übungsaufgaben“** erhalten Sie Gelegenheit, anhand einzelner Materialien und einer dazugehörenden Aufgabenstellung das soeben erworbene Methodenwissen anzuwenden. Teilweise erhalten Sie dabei Bearbeitungshilfen in Form von Tabellen oder **Tipps**. In einigen Fällen sollen Sie auf der Grundlage konkreter Daten selbst ein entsprechendes Material erstellen, wie es im Abitur in einigen Bundesländern gefordert wird.
- **Wissenskästen** fassen Grundwissen zusammen, bringen die wichtigsten Inhalte auf den Punkt.
- Am Ende jedes Großkapitels finden Sie einen **Test**, der **klausur- und abiturähnliche Teilaufgaben** enthält. Hierbei wird von Ihnen gefordert, dass Sie mehrere Materialien unter einer vorgegebenen Fragestellungen sachgerecht auswerten.
- Im letzten Kapitel finden Sie zu allen Aufgaben **beispielhafte Lösungen**, mit denen Sie Ihre eigenen Lösungen abgleichen können.

Hier können Sie Ihren Lern- und Kompetenzfortschritt festhalten:

Kapitel	Thema	✓
1	Karten und Profile	
2	Bilder	
3	Tabellen und Diagramme	
4	Abstrakte Darstellungen	
5	Texte und Karikaturen	

Karten und Profile

1 Thematische Karten

1.1 Allgemeines

Thematische Karten bilden ein bestimmtes Thema ab, z. B. die Bevölkerungsdichte, die Vegetationsbedeckung oder die geologischen Bedingungen eines Raumes. Sie sind häufig Bestandteil von Klausuren und müssen bei der Bearbeitung intensiv ausgewertet sowie im Kontext genutzt werden.

1.2 Auswerten von thematischen Karten

BEISPIEL

Verkehrsprojekte der Europäischen Union

Transeuropäisches Verkehrsnetz (TEN-V):
vorrangige Achsen und Projekte (Beginn vor 2010, Fertigstellung bis ca. 2020)

Eisenbahn
Straße
Binnenwasserstraße
Meeresautobahn
Flughafenprojekt
Hafenprojekt
EU-Mitgliedsstaaten

Quelle: verändert nach http://europa.eu/rapid/exploit/2013/10/IP/DE/i13_948.dei/Pictures/10000000000019DF000024935FCB011E.jpg

Thematische Karten begegnen Ihnen im Lehrbuch, in Klausuren und ggf. in der mündlichen Abiturprüfung. In der Regel sind sie eingebunden in einen Materialteil, der unter einer bestimmten Fragestellung auszuwerten ist.

WISSEN

Grundsätzliche Strategie bei der Auswertung von thematischen Karten

- Ordnen Sie zunächst die Karte zeitlich, räumlich und inhaltlich ein.
- Beschreiben Sie dann die zentralen Aussagen und stellen Sie Besonderheiten fest.
- Interpretieren Sie die Aussagen, indem Sie die dargestellten Einzelelemente verknüpfen.

- Zuerst müssen Sie die Kartenaussage sowie den Bezugsraum bestimmen. Dazu sind die Informationen in der **Legende** genau zu betrachten: Größe und Form der Signaturen sind ggf. auch farblich unterschieden oder mit Zahlenangaben versehen. Sie müssen also in der obigen Beispielkarte nicht nur die unterschiedlichen Verkehrsträger in ihrer räumlichen Lage einordnen, sondern auch den Bezug zur EU als grau unterlegte Fläche berücksichtigen.
- Klären Sie vor der **Beschreibung des Inhalts** unbekannte Begriffe (z. B. hier: „Meeresautobahn") ab und prüfen Sie, ob es Verständnisschwierigkeiten gibt, die Sie überwinden müssen. Formulieren Sie die Kernaussagen der Karte: Nennen Sie Besonderheiten, Gesetzmäßigkeiten, auffällige Strukturen und ggf. Entwicklungsprozesse. Das könnten im vorliegenden Beispiel z. B. die Bündelung der Verkehrswege in Mitteleuropa sowie die Hafen- und Flughafenprojekte sein, die vorwiegend in Portugal vorzufinden sind. Arbeiten Sie die **Teilaspekte heraus**, die später zu einer Gesamtaussage verknüpft werden sollen. Ordnen Sie Ihre Informationen, indem Sie Ihre Aussagen z. B. räumlich nach Regionen oder inhaltlich nach den verschiedenen Verkehrsträgern zusammenstellen.
- Ihr Vorwissen zu geographischen, historischen, gesellschaftlichen, wirtschaftlichen und politischen Entwicklungen hilft Ihnen im jeweiligen Zusammenhang bei der **Interpretation**. Dies könnten hier im Beispiel z. B. die Phasen der EU-Erweiterung oder auch die Siedlungsdichte innerhalb der EU sein. Die zentralen Aussagen der thematischen Karte können Sie nun begründet formulieren.
- Achten Sie bei einer möglichen **Materialkritik** darauf, ob die Karte sachlich und widerspruchsfrei zum Thema informiert. Überlegen Sie auch, ob die angegebene Quelle vertrauenswürdig ist.

1 Beschreiben Sie die Anteile des Ökolandbaus in der Europäischen Union. Benutzen Sie hierfür die folgenden Fragen.

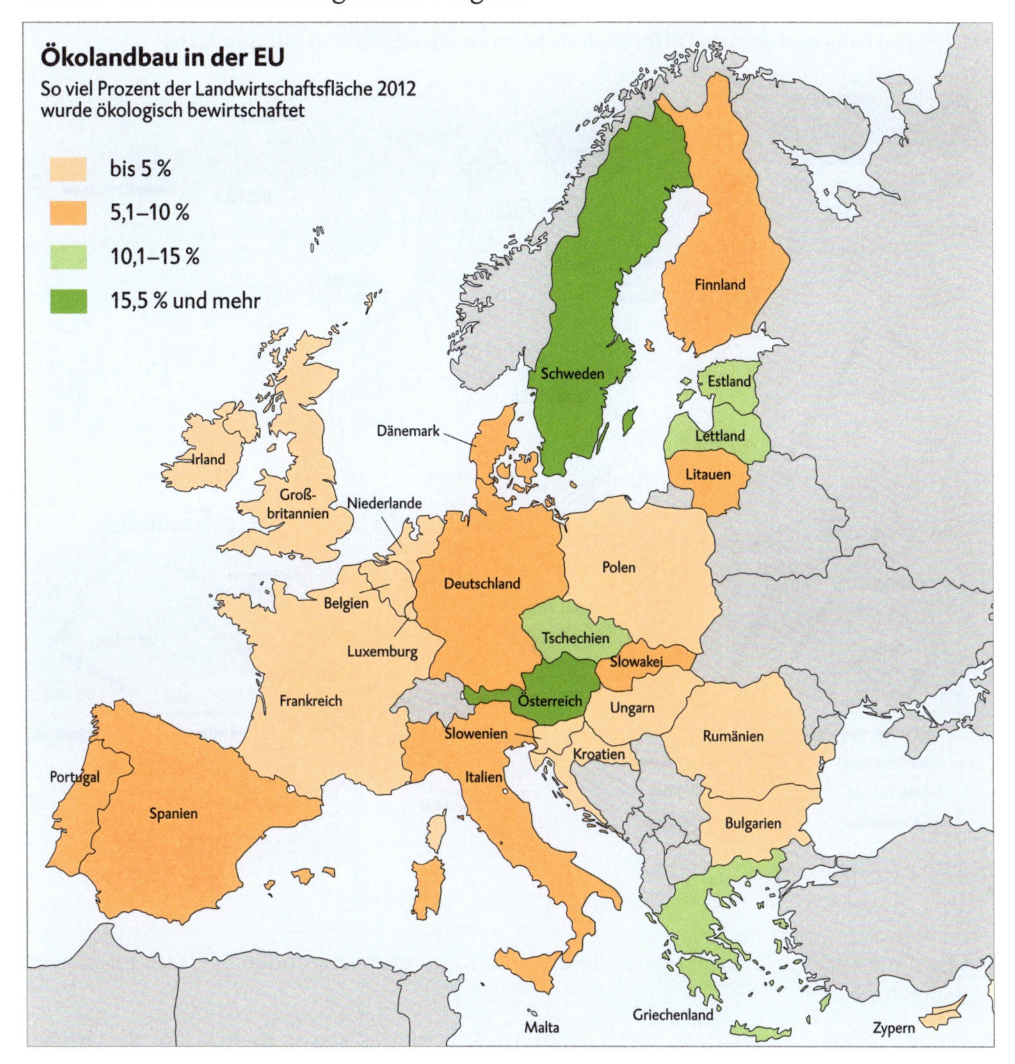

Quelle: erstellt nach Daten von Eurostat 2014

- Welches Thema wird durch die Überschrift angesprochen?
- Welcher Raum wird untersucht?
- Wie wird die Thematik in der Legende wiedergegeben?
- Welche zentralen Aussagen lassen sich aus der Karte ablesen?
- Welche Großräume mit relativ hohem bzw. relativ niedrigem Anteil am Ökolandbau lassen sich zusammenfassen?
- Sagt die Karte etwas über (aktuelle) Entwicklungen aus?

2 Fertigen Sie eine Skizze an, in der wesentliche Areale zur Flächennutzung und zur sozialen Differenzierung im Nordwesten von Buenos Aires enthalten sind.

Flächennutzung und soziale Differenzierung im Nordwesten von Buenos Aires

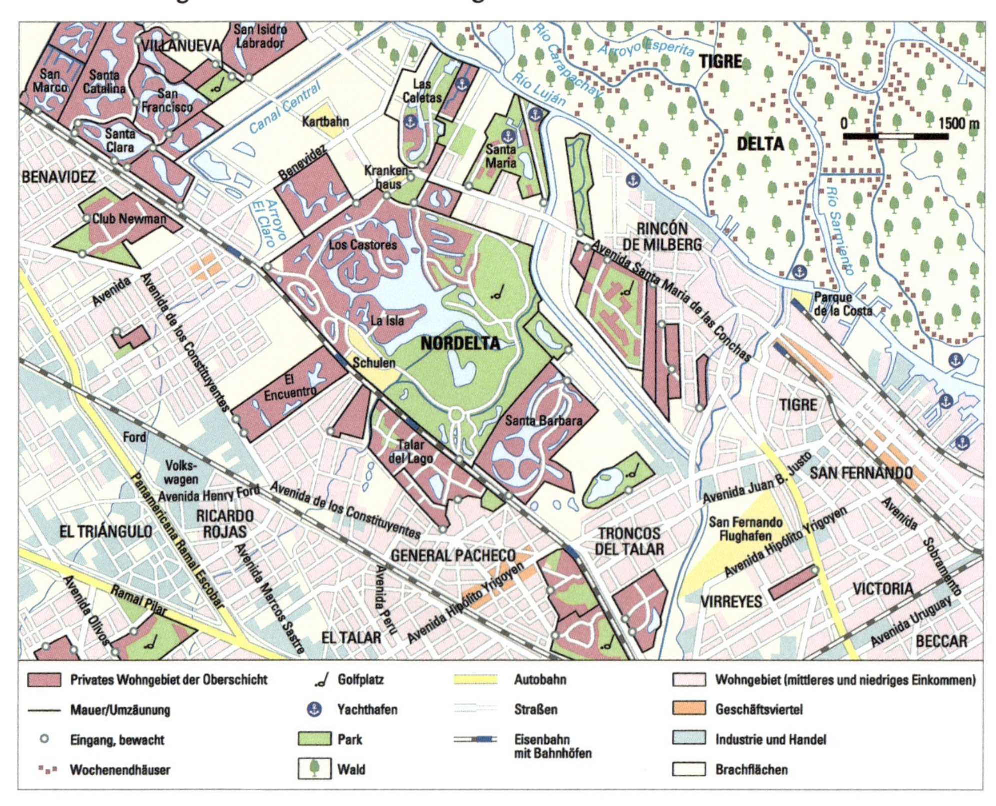

Quelle: © Cartomedia, Karlsruhe

- Legen Sie zur Bearbeitung eine Folie über die Karte und verwenden Sie (wasserlösliche) Folienstifte.
- Nutzen Sie zur Abgrenzung der einzelnen Areale Leitlinien wie Straßen, Eisenbahn, Flüsse.

2 Topographische Karten

2.1 Allgemeines

Mit Topographie (gr. *tópos* „Ort“, *gráfein* „zeichnen, beschreiben“) wird die Abbildung des Geländes mit seinen Höhen und Tiefen in Form von Höhenlinien sowie der Oberflächenobjekte bezeichnet. Topographische Karten dienen der räumlichen Einordnung des zu untersuchenden Raumes und liefern Informationen über die Größe, die Naturausstattung und die Nutzung des abgebildeten Gebiets (z. B. Gewässer, Straßen, Bahnlinien, Umrisse von Ortschaften). In der Regel sind sie nach Norden ausgerichtet, d. h. eingenordet.

Eine besondere Form der topographischen Karte ist die **physische (physiogeographische)** Karte, deren Inhalt ausschließlich die Naturfaktoren sind. Die Bezeichnung „physische Karte" wird in der Regel in Schulatlanten verwendet.

WISSEN

Das finden Sie in einer topographischen Karte:

Naturfaktoren
- Höhenlinien/Isohypsen
- Reliefgestalt durch Schummerung
- Markante Höhenangaben
- Gewässernetz
- Vegetation

Nutzung des Raums
- Umrisse von Siedlungen/Gebäuden
- Verkehrslinien
- Stromleitungen
- Künstliche Bauten (z. B. Staudämme)
- Grenzen

So nutzen Sie die topographische Karte:

Maßstab
- Gibt das Verkleinerungsverhältnis der Karte gegenüber der Wirklichkeit an.
- Beispiel: Beim Maßstab 1:25000 entspricht 1 cm auf der Karte 25 000 cm = 250 m in der Wirklichkeit.
- Je kleiner die Maßstabszahl ist, desto größer ist der Maßstab, sodass mehr und genauere Informationen auf der Karte untergebracht werden können.

Höhenlinien
- Höhenlinien/Isohypsen bilden in einer Karte das Relief ab.
- Sie verbinden Punkte gleicher Höhe und beschreiben das Höhenprofil.
- Je enger die Höhenlinien beieinander liegen, desto steiler ist das Relief.

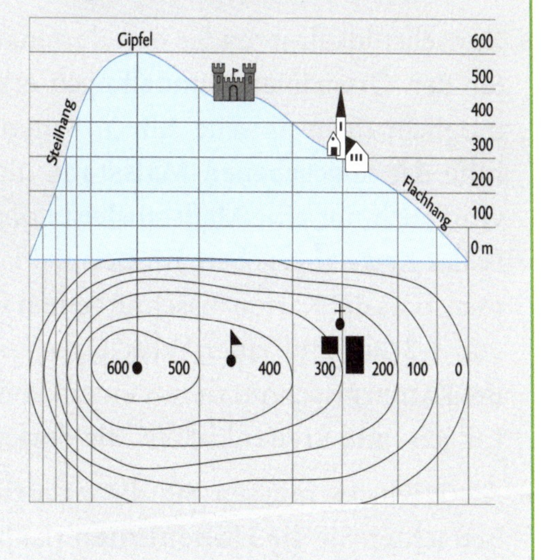

2.2 Auswertung von topographischen Karten

BEISPIEL

Verkleinerter Ausschnitt aus der Topographischen Karte 1 : 25.000 mit dem Münsinger Teilort Gundelfingen im Tal der Großen Lauter (Baden-Württemberg)

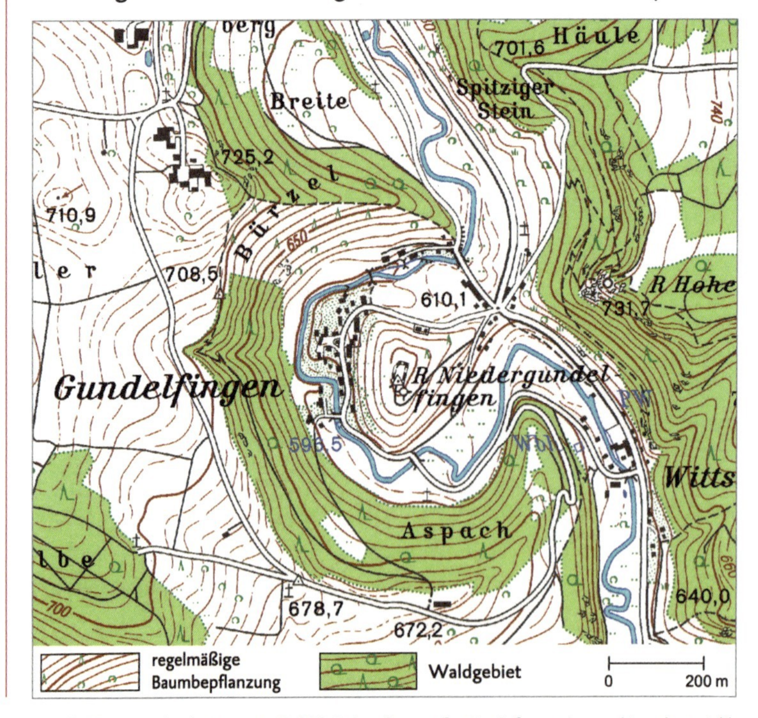

Quelle: Topographische Karte 1:25 000 © Landesamt für Geoinformation und Landentwicklung (www.lgl-bw.de) vom 31.07.2015, Az.: 2851.3-D/660

- Zunächst lokalisieren Sie den Kartenausschnitt. In der Beispielkarte können Sie den Ortsnamen Gundelfingen erkennen, der die **Lageeinordnung** ermöglicht (Schwäbische Alb in Baden-Württemberg). Bestimmen Sie mithilfe des angegebenen **Maßstabs** die räumliche Ausdehnung. Manchmal wird auch nur eine Maßstabsleiste ohne Angabe des Maßstabsverhältnisses in der Karte angegeben. Im Beispiel können Sie der Maßstabsleiste entnehmen, dass der Kartenausschnitt einen Raum mit einer Nord-Süd-Entfernung von 1,3 km und einer West-Ost-Ausdehnung von ca. 1,5 km wiedergibt. Bei Kartenausschnitten mit einem kleinen Maßstab helfen die Angaben von Längen- und Breitenkreisen, die Entfernungen zu bestimmen.
- Als Nächstes müssen Sie die **natürliche Raumausstattung** analysieren. Betrachten Sie die **Höhenlinien** (Isohypsen): Je enger sie zusammenliegen, desto steiler ist das Relief. In der Beispielkarte sehen Sie das Tal der Großen Lauter, das sich bis zu 100 Höhenmeter gegenüber den steil abfallenden Ufern in das Gelände eingegraben hat. Zur Vereinfachung der Lesbarkeit sind die Isohypsen im Abstand von 50 m etwas dicker eingezeichnet. Zusätzlich

sind einige markante **Höhenangaben** eingetragen. Die **Vegetation** ist grün unterlegt und mit den Zeichen für Laub- bzw. Nadelwald gekennzeichnet.

- Zur **anthropogenen Raumausstattung** zählen diejenigen Merkmale, die vom Menschen stammen. So finden Sie in der Beispielkarte Siedlungen und einzeln stehende Gebäude. Die dargestellten Straßen folgen entweder dem Talboden oder verbinden auf der Höhe die Ortschaften. Sie können erkennen, dass z. B. die vom „Spitzigen Stein" nach Osten verlaufende Straße steil ansteigt, da sie quer zu den Höhenlinien verläuft.
- In Klausuren nutzen Sie eine solche **topographische Einordnung** meist, um die Beschaffenheit des Raumes unter der jeweiligen Fragestellung zu erläutern.

3 Zeichnen Sie anhand der Höhenlinien ein Profil längs der eingezeichneten Linie.

Vergrößerter Ausschnitt aus der Topographischen Karte ÖK 200, Österreichische Karte 1 : 200.000, Blatt Tirol

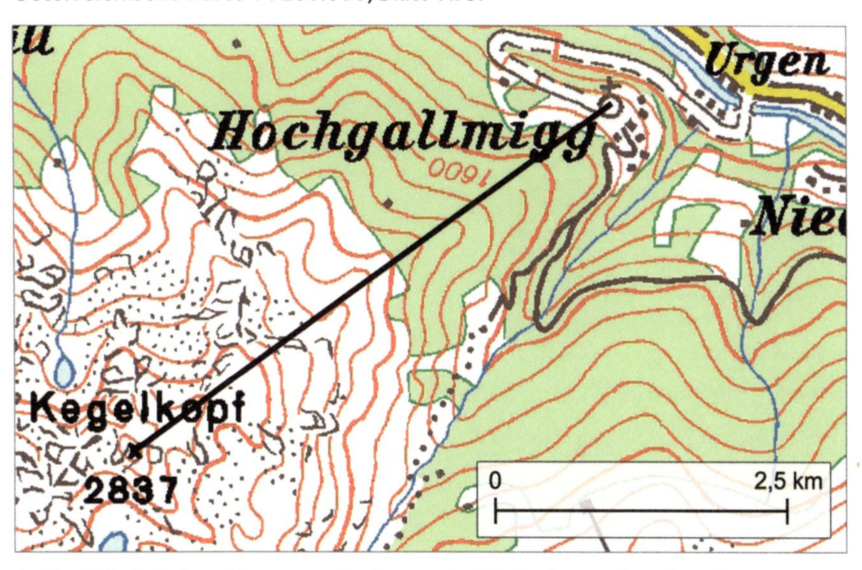

Quelle: © BEV 2015, Vervielfältigung mit Genehmigung des BEV/Bundesamtes für Eich- und Vermessungswesen in Wien, N2015/5817

- Ermitteln Sie entlang der eingezeichneten Linie den höchsten Punkt, sodass Sie den Maßstab für die y-Achse festlegen können.
- Legen Sie einen Papier- oder Folienstreifen an die eingezeichnete Linie an und markieren Sie auf diesem Streifen die Schnittpunkte mit den Isohypsen mit farbigem Stift. Anschließend übertragen Sie die gemessenen Distanzen auf die x-Achse Ihrer Profilzeichnung.
- Achtung: In topographischen Karten sind die Angaben der Höhenwerte „hangaufwärts" orientiert, was in der vorliegenden Karte zu kopfstehenden Zahlen führt!

3 Bodenprofile

3.1 Allgemeines

Bodenprofile zeigen den vertikalen Bodenaufbau von der Oberfläche bis zum Ausgangsgestein in Form eines „Schnitts“ durch den oberflächennahen Untergrund. Mit ihrer Hilfe lassen sich Aussagen über die natürliche Vegetation sowie über Nutzungsmöglichkeiten des Bodens durch die Landwirtschaft treffen. Bodenprofile finden Sie in Klausuren häufig dann vor, wenn Sie die landwirtschaftliche Eignung des zu untersuchenden Raumes erläutern sollen. Dabei haben Sie zu unterscheiden zwischen der natürlichen Fruchtbarkeit des Bodens und den erweiterten Möglichkeiten zur Nutzung mittels mechanischer und chemischer Hilfsmittel bzw. künstlicher Bewässerung.

3.2 Auswerten von Bodenprofilen

BEISPIEL

Haupthorizonte eines Bodenprofils

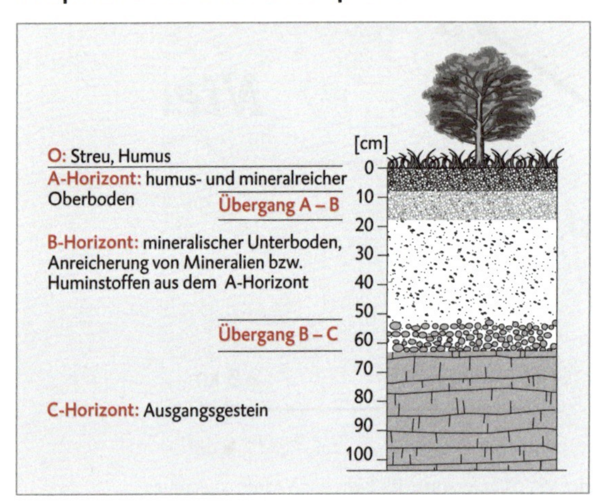

- Zuerst sollten Sie eine **Lageeinordnung** des dargestellten Profils vornehmen. Ein Boden ist das Ergebnis eines Verwitterungsprozesses, der abhängig ist von den klimatischen Bedingungen und der chemischen Zusammensetzung des Ausgangsgesteins. In den feuchten Tropen verlaufen die Verwitterungsprozesse aufgrund des Klimas anders als z. B. in den mittleren Breiten.
- In einem Bodenprofil können Sie grundsätzlich drei horizontal angeordnete „Bodenschichten“ erkennen. Jeder dieser sog. **Bodenhorizonte** unterscheidet sich in seinen chemischen und physikalischen Eigenschaften (z. B. Farbe, Humusgehalt, Festigkeit) von den anderen. Die einzelnen Bodenhorizonte

werden mit **Großbuchstaben** bezeichnet: Unter einer organischen Auflage (Laub, Nadeln) sind der **A-Horizont** (Oberboden, Humusschicht) sowie der **B-Horizont** (Unterboden) ausgebildet, die über dem **C-Horizont**, dem unverwitterten Ausgangsgestein, lagern. Das Beispiel zeigt Ihnen die Abfolge der verschiedenen Horizonte auf. Die im Boden ablaufenden Prozesse werden durch **nachgestellte Kleinbuchstaben** symbolisiert. So bedeutet z. B. der Zusatz Al, dass aus dem Oberbodenhorizont Tonteilchen ausgewaschen (lessiviert) worden sind.

- Die **Mächtigkeit der Bodenhorizonte** können Sie an der Maßstabsleiste ablesen. Da der Oberboden viele Nährstoffe enthält, ermöglicht ein tief reichender (> 20–30 cm) A-Horizont eine intensive landwirtschaftliche Nutzung.
- Bringen Sie bei der **Bewertung** für eine agrarische Nutzung auch Ihr Vorwissen ein. Die Bodenfruchtbarkeit hängt v. a. von Wasser und Nährstoffen ab. Mit dem Bodentyp Braunerde können Sie z. B. eine hohe Wasserspeicherfähigkeit in Verbindung bringen sowie eine hohe Bindung der Mineralsalze an Tonminerale und Humusstoffe. Braunerde kann somit – je nach Ausgangsgestein – für den Ackerbau und die Weidewirtschaft geeignet sein.

WISSEN

Verwechseln Sie nicht die Begriffe Bodenart und Bodentyp!

- **Bodenart:** Beschreibung eines Bodens nach der Zusammensetzung seiner Korngrößen (z. B. Sand, Ton). Beispiele für Bodenarten: Tonböden, steinige Böden.
- **Bodentyp:** Bezeichnung für eine bestimmte Abfolge der Bodenhorizonte, die unter dem Einfluss gleicher oder ähnlicher bodenbildender Faktoren entstanden ist. Beispiele für Bodentypen: Schwarzerde, Braunerde, Podsol.

4 Beschreiben Sie den Aufbau eines Latosol-Bodens.

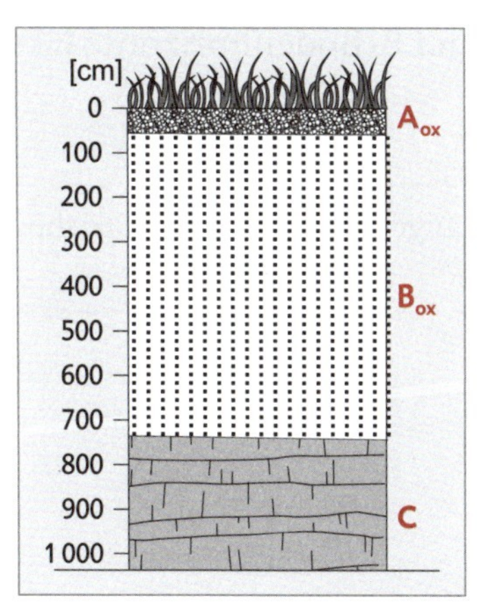

- Das Kürzel ox steht für einen mit Oxiden angereicherten Horizont.
- Latosole sind typische Böden des tropischen Klimas mit Wechsel heiß-feuchter und trockener Perioden.

5 Erläutern Sie die Unterschiede der verschiedenen Bodenprofile. Nutzen Sie hierfür die folgenden Fragen.

Quelle: Scheffer, F. /Schachtschabel, P.: Lehrbuch der Bodenkunde. Stuttgart 1998, S. 420

- Welche farblichen Unterschiede liegen in den Bodenprofilen vor und worauf deuten diese Unterschiede hin?
- In welchen Profilen ist eine deutliche Abgrenzung von Bodenhorizonten sichtbar?
- Woran lässt sich der A-Horizont erkennen?
- Bei welchen Böden ist der B-Horizont sehr ausgeprägt?
- In welchen Böden ist das Ausgangsgestein gut erkennbar?
- Welche unterschiedlichen Mächtigkeiten der A- und B-Bodenhorizonte lassen sich erkennen?

Achten Sie auf die unterschiedlichen Maßstabsleisten – die Länge eines schwarzen Striches beträgt 10 cm.

4 Kausalprofile

4.1 Allgemeines

Kausalprofile dienen dazu, den Bereich zwischen zwei Orten oder Regionen unter einer bestimmten Themenstellung abstrahierend abzubilden. Sie sind zumeist schematische, vertikal aufgebaute Zeichnungen, die verschiedene Beziehungen zwischen natur- und anthropogeographischen Faktoren verdeutlichen.

4.2 Auswerten von Kausalprofilen

BEISPIEL

Steigungsregen und Föhn

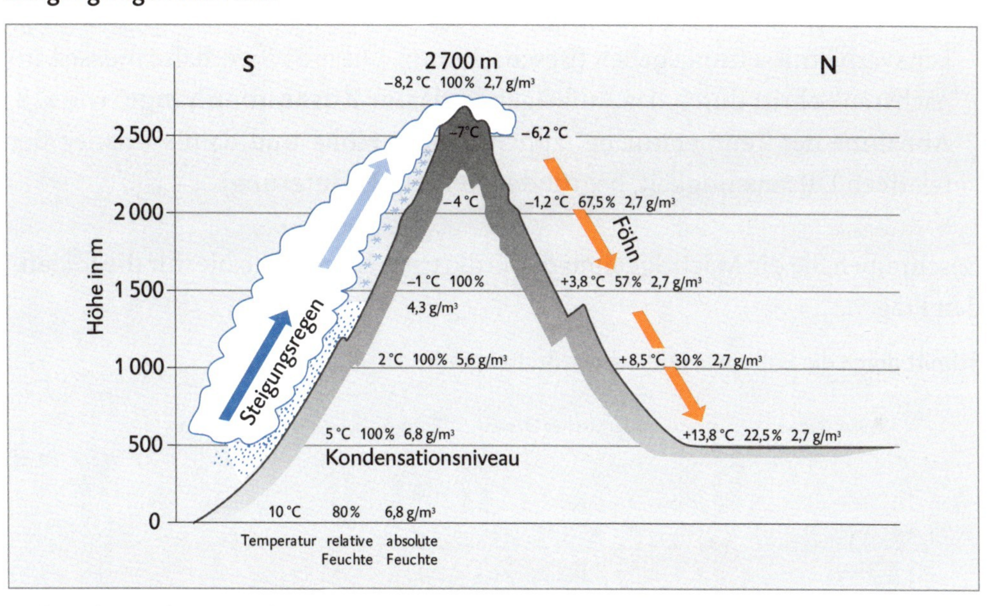

Quelle: nach Entwurf von M. Lamberty

- Machen Sie sich anhand der **Überschrift** klar, welche Hauptaussage das Profil beinhaltet. Im obigen Beispiel wird mit dem Zusammenhang zwischen der relativen Luftfeuchtigkeit und dem Relief ein meteorologisches Phänomen erklärt: Steigungsregen und Föhn sind Folgen wechselnder Feuchtigkeitsverhältnisse bei unterschiedlicher Höhenlage. Oftmals sind **Fachbegriffe** integriert. Sind Ihnen diese nicht geläufig, müssen Sie sie zum weiteren Verständnis des Profils vorab abklären.
- Betrachten Sie im nächsten Schritt den **Aufbau des Profils**. Oftmals werden Angaben zur räumlichen Ausdehnung gemacht (hier: Höhenangaben bis

2 700 m, Einordnung der Lage mit Süd und Nord). Ist keine Legende ausgewiesen, müssen Sie die erforderlichen Informationen dem Profil entnehmen. Im obigen Beispiel werden Temperatur sowie relative und absolute Feuchte in den verschiedenen Höhenlagen angegeben.

- Wählen Sie zur **Beschreibung** des Profils eine Gliederung, mit der Sie die Aussagen geordnet und übersichtlich wiedergeben können. Dabei können Sie entweder räumlich vorgehen oder das Profil dem Sachkontext nach strukturieren. Im obigen Beispiel bietet es sich an, der eingezeichneten Luftbewegung von Süd (= aufsteigend) nach Nord (= absinkend), im Profil also von links nach rechts, zu folgen.
- Oftmals sind Kausalprofile sehr komplex. Achten Sie daher besonders darauf, dass Sie die Beschreibung und die **Erläuterung** genau auseinanderhalten. In unserem Beispiel sind im Gebirge Werte zur Temperatur und den Feuchtigkeitsverhältnissen angegeben (Beschreibung). Diese Sachverhalte müssen im nächsten Schritt durch das Aufzeigen **kausaler Zusammenhänge**, wie z. B. Abnahme der Temperatur bei zunehmender Höhe und damit Anstieg der relativen Luftfeuchtigkeit, begründet werden (Erläuterung).

6 Beschreiben Sie die Mächtigkeiten der Erdkruste. Nutzen Sie hierfür die folgenden Fragen.

Schnitt durch die Erdkruste entlang des Breitengrades 40° N

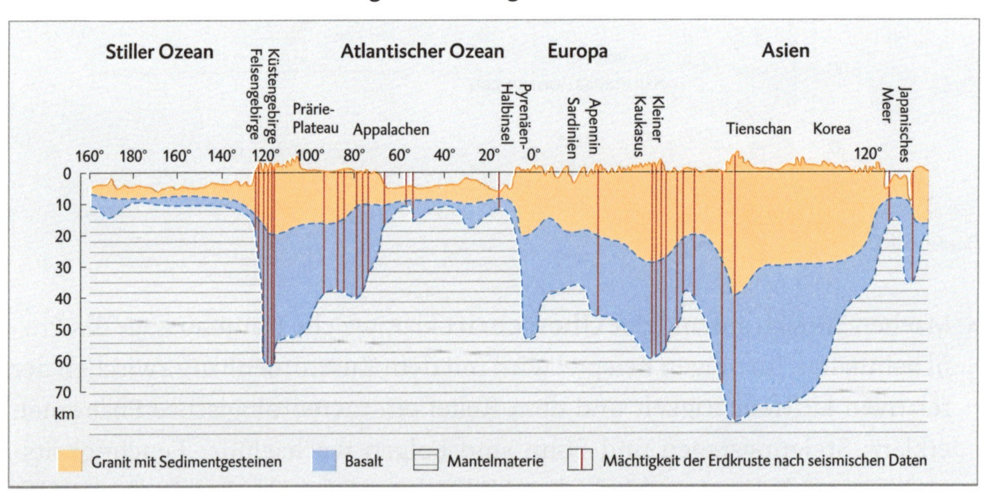

Quelle: Kulikow, K. A. /Sidorenkow, N. S.: Planet Erde. BSB B. G. Teubner Verlagsgesellschaft, Leipzig 1981, S. 44 f.

- Welches Thema wird durch die Überschrift angesprochen?
- Welcher Raum wird im Profil untersucht?
- Worin unterscheiden sich die verschiedenen Bereiche der Erdkruste?
- Bis in welche Tiefen reicht die Erdkruste?

Vertiefen Sie Ihr Wissen

7 Erläutern Sie die Zusammenhänge zwischen den Naturfaktoren und der Nutzung des Raums durch den Menschen in Indien.

Geographisches Kausalprofil durch Indien

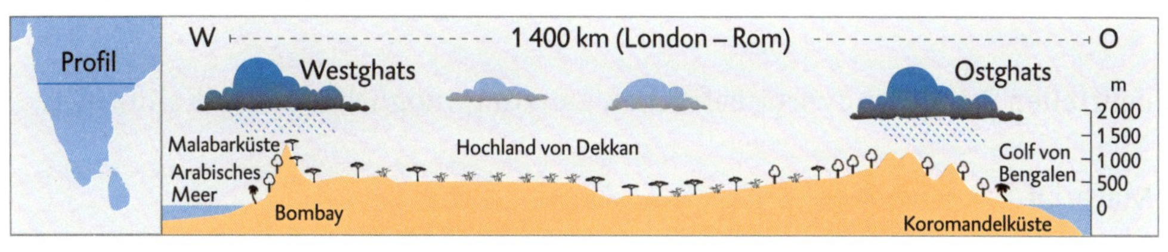

	Malabarküste	Hochland von Dekkan	Koromandelküste
Klima	feuchttropisches Monsunklima, wintertrocken	heiß, mäßig feucht bis trocken, niederschlagsarmer Winter	tropisch heiß, auch im Winter feucht durch NO-Monsum
Mittlere Temperatur	Jan. +26 °C Juli +28 °C	Jan. +19 °C Juli +35 °C	Jan. +20 °C Juli +31 °C
Niederschlag (Jahresmittel):	über 2000 mm	700 bis 1100 mm	1200 bis 1500 mm
Landwirtschaftliche Nutzung	Kokospalmen, Tee, Kaffee, Ingwer, Gewürze, Reis, Salzgärten	Hirse, Bohnen, Weizen, Ölfrüchte, Baumwolle, Wasserspeicher (Tanks)	Kokospalmen, Reis, Knollengewächse, Tabak

Quelle: verändert und gekürzt nach Hirt's Stichwortbücher, Kartographie in Stichworten, Bandausgabe 1972

- Zur Arbeitsanweisung „Erläutern" gehört auch, dass Sie die klimatischen Bedingungen begründen.
- Berücksichtigen Sie bei der Landnutzung die Anbaubedingungen der landwirtschaftlichen Produkte.

Test 1

00:60 MIN

1 Erläutern Sie die Niederschlagsverteilung entlang der Profillinie in Material 1.

2 Beurteilen Sie die landwirtschaftlichen Nutzungsmöglichkeiten in Kalifornien.

Material 1

Kausalprofil entlang des 40. Breitengrades durch die USA (Ausschnitt)

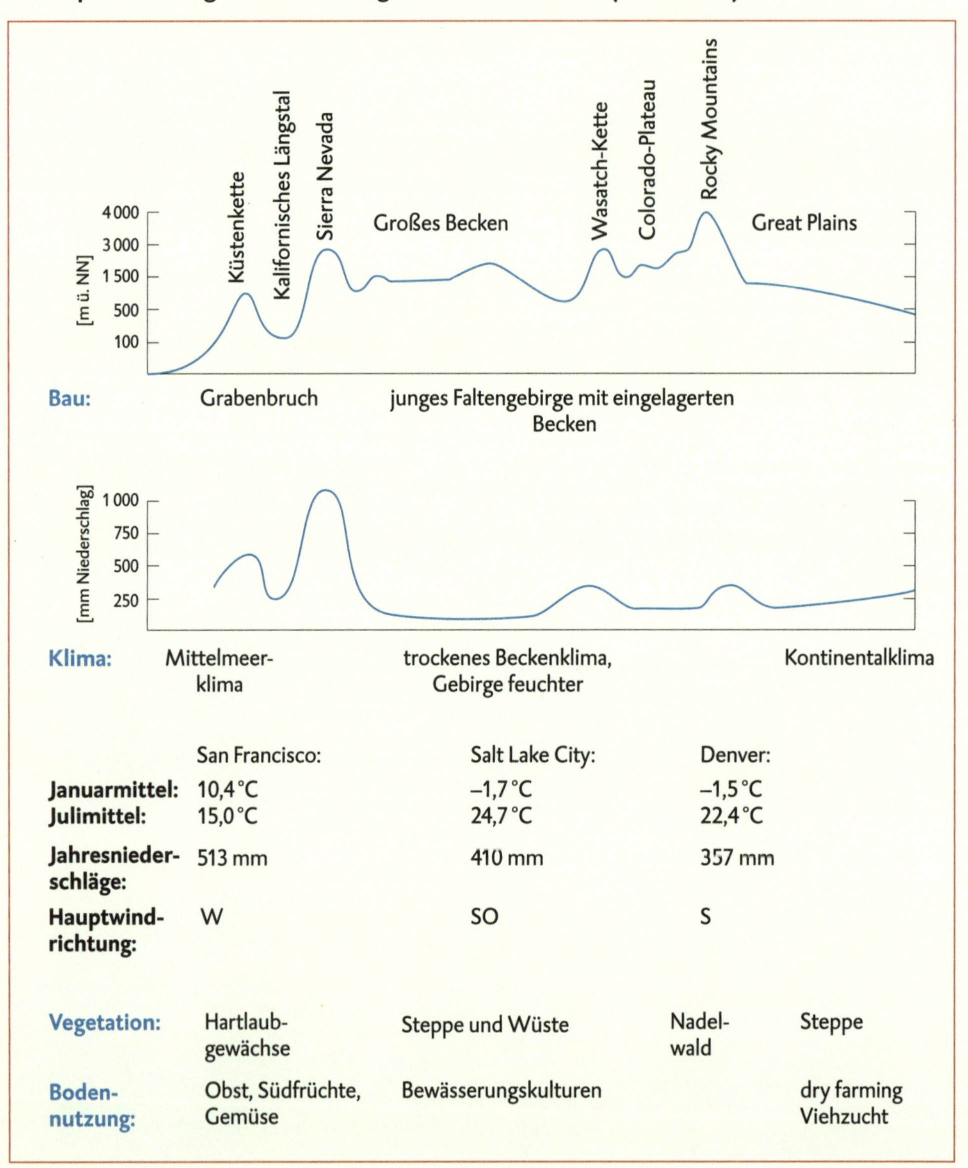

	San Francisco:	Salt Lake City:	Denver:
Januarmittel:	10,4 °C	–1,7 °C	–1,5 °C
Julimittel:	15,0 °C	24,7 °C	22,4 °C
Jahresniederschläge:	513 mm	410 mm	357 mm
Hauptwindrichtung:	W	SO	S

Quelle: verändert nach Seydlitz-Bauer, Erdkunde 9. Schuljahr, Hirt Verlag, Kiel 1981, S. 19

Material 2

Durchschnittliche Jahresniederschläge in Kalifornien

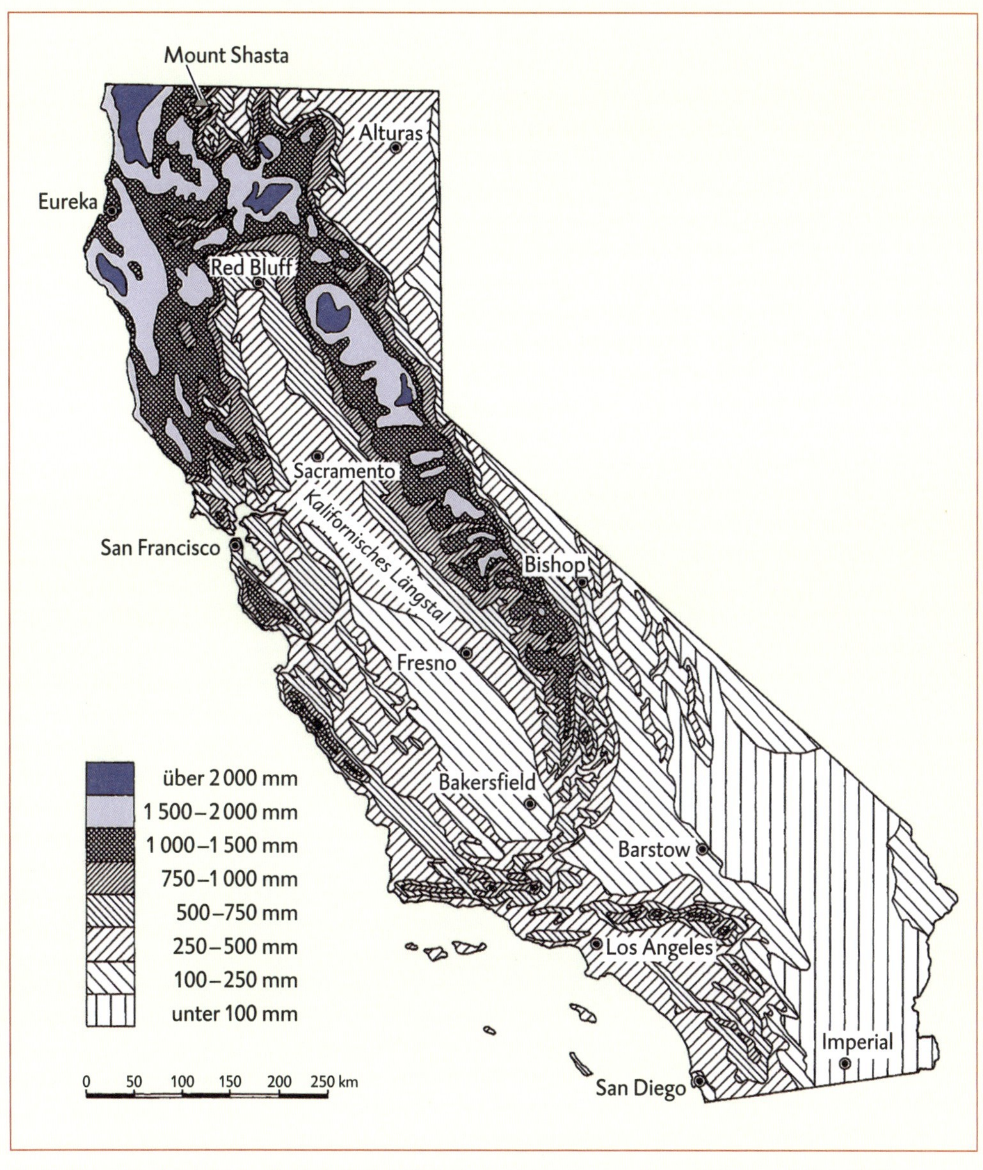

Quelle: Klohn/Windhorst, Die Landwirtschaft der USA. Vechtaer Materialien zum Geographieunterricht H. 1, 1995

Bilder

1 Fotos

1.1 Allgemeines

Bilder liefern einen Ersatz für die originale Begegnung und eine anschauliche Vorstellung von der Wirklichkeit. Abhängig vom Aufnahmestandort wird in **Bodenaufnahmen** (im Folgenden als **Fotos** bezeichnet), **Luftbilder** und **Satellitenbilder** unterschieden. Sie können je nach Ausschnitt kleinere oder größere Teile der Erdoberfläche darstellen und dabei viele geographische Themenbereiche abbilden. Mit ihrer Hilfe können Zusammenhänge und Beziehungen aufgezeigt sowie Entwicklungsprozesse deutlich gemacht werden.
Die Bildauswertung erfolgt in der Regel zu einem bestimmten Thema. Dies kann eine physiogeographische **Fragestellung** (z. B. Landschaftsform Hochgebirge) wie auch eine kulturgeographische (z. B. Stadtgrundriss) sein.
Obwohl ein Bild anschaulicher ist als eine Karte, sollte es nicht als einzige Quelle Verwendung finden: Es empfiehlt sich, zur Bildinterpretation weitere Informationen aus Karten, Grafiken u. a. hinzuzuziehen.
Nehmen Sie sich Zeit, das Bild genau zu betrachten, damit Sie bei der systematischen Analyse nicht nur die wesentlichen Strukturen herausarbeiten können, sondern auch Details finden, die Sie später in die Auswertung einfließen lassen.

WISSEN

Eine Bildauswertung gliedert sich in folgende Stufen:

Beschreibung
- Räumliche Einordnung
- Beschreibung der Bildinhalte
- Heranziehen von Zusatzinformationen

Erklärung
- Verknüpfung der einzelnen Bildelemente
- Aufdeckung von Zusammenhängen
- Einbindung von Vorwissen

Ggf. Bewertung/weitergehende Überlegungen
- Schlussfolgerung
- Hypothesenbildung
- Evtl. Medienkritik

1.2 Auswerten von Fotos

- Machen Sie sich bei der **Beschreibung** zuerst anhand der Überschrift und der Quellenangabe bewusst, wo und ggf. wann das Foto aufgenommen wurde. So erhalten Sie einen ersten Eindruck davon, welchen Schwerpunkt der Inhalt bietet (im folgenden Beispiel: Oase im nördlichen Oman).

BEISPIEL **Oase Nakhal am Rand des Hadschar-Gebirges (Oman)**

Quelle: Jürgen Neumann

- Zunächst sollten Sie die Grobstrukturen ermitteln. Es bietet sich eine **Gliederung** in wenige Einheiten an, die gleiche oder ähnliche Merkmale aufweisen. Dies kann eine Aufteilung in mehrere Bildsegmente (maximal 9: vorne, zentral, hinten – jeweils links, zentral, rechts) sein. Sie können aber auch nach Verkehrslinien, Raumnutzung und Bebauungsgrenzen oder nach markanten physischen Merkmalen wie Flussläufen oder Vegetationsgrenzen gliedern. Im Beispiel bietet sich eine Gliederung in **Bildvordergrund**, **Bildmitte** und **Bildhintergrund** an. So können Sie im Vordergrund Teile einer Siedlung erkennen, und der Palmenbestand in der Bildmitte trennt deutlich den Gebirgsbereich im Bildhintergrund ab.
- Im nächsten Schritt müssen Sie die beobachteten **Details** in einen sinnvollen Zusammenhang bringen und **erklären**. Im Beispiel stehen die kargen und vegetationslosen Gebirgs- und Gebirgsfußbereiche der intensiv genutzten landwirtschaftlichen Fläche (Palmen) und dem Siedlungsbereich gegenüber.

Vertiefen Sie Ihr Wissen

Hieraus erwächst die Frage nach dem Wasserangebot bei vorherrschendem Wüstenklima, und Sie müssen auf der Grundlage Ihres Vorwissens eine plausible Vermutung formulieren. Damit gestalten Sie gleichzeitig den Übergang zur Deutung der räumlichen, kausalen und prozessualen Zusammenhänge.

- Diese **Deutung** des Bildinhaltes erfolgt im Hinblick auf die **Fragestellung** und wird in der Regel durch diese vorgegeben. So können z. B. Aspekte einer nachhaltigen Entwicklung im Zusammenhang mit Ökonomie, Ökologie und Kultur kritisch hinterfragt werden. In unserem Beispiel könnten u. a. die Versorgungssicherheit des Siedungsraums, die Formen agrarischer Nutzung, die Nutzung natürlicher Ressourcen, die Belastung der Landschaft, aber auch Fragen zum Siedlungsgrundriss und Baustil angesprochen und von Ihnen kriteriengestützt bewertet werden. Sofern verlangt bzw. sinnvoll, kann hier auch eine kritische Reflexion und **Beurteilung** des Informationsgehalts bzw. des Aussagewerts des Bildes angeschlossen werden.

8 Gliedern Sie das Foto in die erkennbaren Raumeinheiten.

Favela Rocinha/Rio de Janeiro (Brasilien)

Quelle: © anghifoto – Fotolia.com

Fertigen Sie eine Skizze an; legen Sie dazu eine Folie über das Foto und beschriften Sie sie mit einem (wasserlöslichen) Stift.

TIPP 

9 Werten Sie das Foto mithilfe der Fragen aus.

Cypress Mountain / Vancouver (Kanada): Skipisten im Sommer

Quelle: Jürgen Neumann

- Welcher Raum wird dargestellt?
- Welches Vorwissen besitzen Sie über den abgebildeten Raumausschnitt?
- Wie lässt sich das Foto gliedern?
- Welche ökonomischen Interessen werden durch das Foto angesprochen?
- Welche ökologischen Probleme werden verdeutlicht?

TIPP

- Informieren Sie sich anhand einer Karte und/oder des Internets über den Raum, in dem das Foto gemacht wurde.
- Gliedern Sie das Foto nach natürlichen und anthropogenen Raumeinheiten.

10 Analysieren Sie die Veränderungen in Magdeburg-Neu Olvenstedt.

Fotoserie Magdeburg-Neu Olvenstedt: Panorama vom Rennebogen vor – während – nach dem Abbruch 2005/2006

Quelle: Landeshauptstadt Magdeburg/Stadtplanungsamt

Wählen Sie als Fixpunkt Ihrer vergleichenden Betrachtung einen markanten Punkt aus. Es bietet sich z. B. das Gebäude in der Bildmitte bzw. im Vordergrund des zweiten Fotos an.

2 Luftbilder

2.1 Allgemeines

Luftbilder zeigen aus maximal 30 km Höhe aufgenommene Ausschnitte der Erdoberfläche. Im Zusammenspiel mit Karten bilden sie auf anschauliche Weise die Struktur und Nutzung eines Raumes ab.

WISSEN

Man unterscheidet ...

- **Senkrechtluftbilder:** Das Kameraobjektiv befindet sich im 90-Grad-Winkel zur Erdoberfläche; es ergibt sich ein zweidimensionaler Bildeindruck.
- **Schrägluftbilder:** Ein Ausschnitt der Erdoberfläche wird schräg von oben, demnach leicht perspektivisch aufgenommen; es ergibt sich ein dreidimensionaler Bildeindruck.

2.2 Auswerten von Luftbildern

BEISPIEL **Kernstadt von Chicago**

Quelle: © Ron Chapple Studios/Dreamstime.com

- Die Beschreibung sollte mit einer **Benennung** als Senkrecht- oder Schrägluftbild beginnen. Danach nehmen Sie eine **räumliche Einordnung** vor. Machen Sie sich anhand der Überschrift bewusst, welcher Raumausschnitt, im Beispiel also die Kernstadt von Chicago, abgebildet ist. Da in der Regel keine Maßstabsangabe vorhanden ist, müssen Sie sich ggf. mithilfe des Atlas einen Überblick über die Größe des abgebildeten Raumes verschaffen. Bestimmen Sie nach Möglichkeit die Himmelsrichtungen, damit Vergleiche z. B. mit einer Karte einfacher sind – dies kann bei der Auswertung nützlich sein.
- Hilfreich ist zunächst eine **Grobgliederung**, mit der Sie wesentliche Raumeinheiten zusammenfassen (vgl. S. 18). Im Beispiel erkennen Sie die mehrgeschossige Bebauung im Vordergrund und in der Bildmitte, die Bebauung mit Wolkenkratzern am oberen Bildrand sowie den Uferbereich des Lake Michigan oben links im Bild.
- Nun können Sie eine **Feingliederung** vornehmen und detaillierte Aussagen treffen. Je nach Inhalt des Luftbildes können dies z. B. Feststellungen sein zur Art der landwirtschaftlichen Nutzung, zur Differenzierung von Industrieräumen oder zur Gestaltung von Siedlungsräumen. Sie sollten im Schrägluftbild von Chicago also den schachbrettartigen Grundriss mit der das Grundmuster zerschneidenden Radialstraße benennen, ebenso den durch mehrstöckige Wohnhäuser gekennzeichneten Siedlungsbereich mit einzeln stehenden Hochhäusern.

- Je genauer die Beschreibung ist, desto präziser kann die **Erklärung** erfolgen. Bringen Sie Ihr Vorwissen ein, damit Sie möglichst weitreichende Erläuterungen geben können. Meistens sind es komplexere geographische, historische oder wirtschaftliche **Zusammenhänge und Entwicklungen**, die Sie heranziehen müssen. Im Beispiel geht der schachbrettartige Grundriss auf die Zeit der Landvermessung zurück, die Konzentration der Hochhäuser weist den wirtschaftsstarken Central Business District aus und die flächenintensive Bebauung kennzeichnet die Übergangszone, die ihren Ursprung in der Zeit der Industrialisierung hat und auf den Suburbanisierungsprozess hindeutet.
- Beachten Sie immer die konkrete **Fragestellung**, unter der Sie das Luftbild analysieren sollen.

11 Beschreiben Sie das Luftbild „Das Rheintal bei Chur / Schweiz". Nutzen Sie hierfür die Fragen und Aufträge auf der nächsten Seite.

Das Rheintal bei Chur / Schweiz

Quelle: © Werner Bätzing: Bildatlas Alpen. Darmstadt: WBG, 2005

- Um welche Art von Luftbild handelt es sich (Schräg- oder Senkrechtluftbild)?
- Ordnen Sie das Bild anhand des Titels räumlich ein.
- Gibt es Angaben über die Größe des Luftbildausschnittes? Wenn nicht, ziehen Sie Ihren Atlas hinzu.
- Was stellt das Luftbild dar?
- Unter welchem geographischen Thema können Sie das Luftbild einordnen?

12 Gliedern Sie das Luftbild „Das Rheintal bei Chur / Schweiz“ (S. 23) in die erkennbaren Raumeinheiten und beschreiben Sie die jeweilige Flächennutzung.

TIPP Legen Sie eine Folie über das Foto und beschriften Sie sie mit einem (wasserlöslichen) Stift.

13 Erläutern Sie anhand des Senkrechtluftbildes Lage und Struktur des Dresdner Stadtzentrums.

Stadtzentrum Dresden

Quelle: picture alliance/ZB/euroluftbild.de

TIPP Gliedern Sie das Luftbild anhand der unterschiedlichen erkennbaren Bebauung.

3 Satellitenbilder

3.1 Allgemeines

Satellitenbilder sind Aufnahmen, die von einem Satelliten, also aus großer Höhe, aufgenommen wurden. Es handelt sich nicht um Fotografien im traditionellen Sinn, da Satellitenbilder erst durch eine spezielle Aufnahmetechnik (z. B. Nutzung von Infrarot- oder Ultraviolettstrahlung, Radio- oder Mikrowellen) und Zuordnung geeigneter Farben erzeugt werden. So entstehen z. B. Wärmebilder, Radarbilder oder auch Echtfarbenbilder, die dann Luftbildern ähneln.

3.2 Auswerten von Satellitenbildern

BEISPIEL

Wettergeschehen über dem Indischen Ozean am 10. Februar 2012

Quelle: F. Falk/ Eumetsat, NASA

- Zu Beginn Ihrer Auswertung nehmen Sie eine **räumliche Einordnung** des Raumausschnitts vor. Bestimmen Sie auch die Größe des Bildausschnitts und die Himmelsrichtungen. Im obigen Beispiel sind Madagaskar, ein Teil der Ostküste von Mosambik sowie der südwestliche Indische Ozean zu sehen. Berücksichtigen Sie, soweit angegeben, das **Aufnahmedatum** – es hilft Ihnen ggf. bei der Analyse jahreszeitlicher Erscheinungsformen. So können Sie das Aufnahmedatum mit dem Schwerpunkt der Zyklonsaison im Südwestindik (November bis April) in Zusammenhang bringen.
- Nutzen Sie für die **Beschreibung** – wie auf S. 18 dargestellt – markante Leitlinien. Je nach Aufnahme können Sie auch thematisch bezogene Gliede-

rungen vornehmen. Im obigen Beispiel bietet sich eine Differenzierung in Landflächen – Meeresflächen – erkennbare Wetterphänomene an.

- Bei der **Erklärung** kommt es darauf an, dass Sie den sichtbaren Elementen eine Funktion zuordnen. Je nach Abbildungsmaßstab ist dies ohne zusätzliche Erläuterungen nur schwer möglich. Ziehen Sie deshalb ggf. eine **Atlaskarte** zum Vergleich und zur Identifikation von Einzelelementen (z. B. Länder, Städte) hinzu. Mithilfe Ihres **Vorwissens** sollten Sie nun Zusammenhänge und Entwicklungen aufzeigen. Im Beispiel erkennen Sie einen tropischen Wirbelsturm, der im Bereich des Indischen Ozeans als Zyklon bezeichnet wird. Er bewegte sich, im Uhrzeigersinn (Südhalbkugel!) rotierend, am 10. Februar 2012 direkt auf die Ostküste Madagaskars zu.
- Je genauer die Beschreibung und Erklärung sind, desto fundierter kann die Deutung unter einer vorgegebenen **Fragestellung** erfolgen. Im obigen Beispiel könnte dies z. B. die Frage nach der Gefährdung von (küstennahen) Gebieten durch tropische Wirbelstürme sein.

14 Gliedern Sie das Satellitenbild und beschreiben Sie die einzelnen Raumelemente.

Das Mündungsgebiet von Schelde und Maas (Niederlande)

Quelle: NASA/GSFC/METI/Japan Space Systems, and U.S./Japan ASTER Science Team

TIPP

Fertigen Sie eine Skizze an. Legen Sie dazu eine Folie über das Satellitenbild und beschriften Sie sie mit einem (wasserlöslichen) Stift.

15 Werten Sie das Satellitenbild aus.

Falschfarbenbild der Bucht von San Francisco/USA (Aufnahmedatum: 3. März 2000)

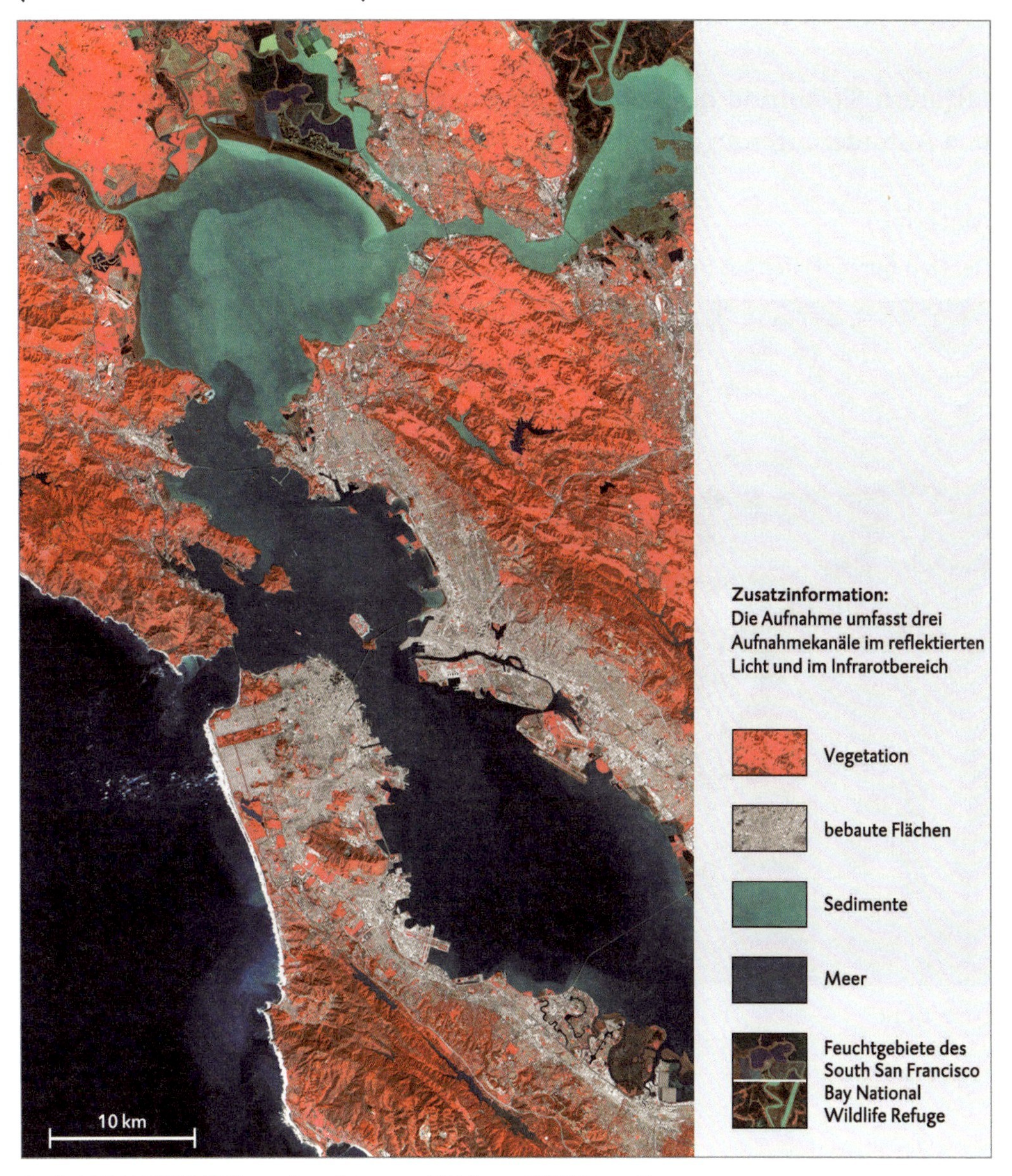

Quelle: NASA/GSFC/METI/Japan Space Systems and U.S./Japan ASTER Science Team

- Ordnen Sie zur Orientierung zunächst die Städte San Francisco und Oakland mithilfe des Atlas ein.
- Berücksichtigen Sie bei der Auswertung auch das Aufnahmedatum.

TIPP 

Test 2

1 Beschreiben Sie Lage und räumliche Struktur des Hamburger Hafens.

2 Erläutern Sie anhand des Beispiels Hamburger Hafen die Eigenschaften von und Anforderungen an einen heutigen Welthafen.

Material 1

Der Hamburger Hafen aus Sicht des Radarsatelliten TerraSAR-X

Quelle: © DLR

Material 2

Die CSCL Globe, mit Platz für 19 100 Standardcontainer derzeit das größte Containerschiff der Welt, im Januar 2015 im Hamburger Hafen

Quelle: © HHM/Dietmar Hasenpusch

Material 3

Containerterminal Burchardkai

Quelle: © HHM/M. Lindner

Tabellen und Diagramme

1 Datentabellen

1.1 Allgemeines

Daten und Zahlen lassen sich auf unterschiedliche Art und Weise darstellen, z. B. eingebunden in einen Text, in Form eines Diagramms (vgl. S. 71 und 34 ff.) oder als **Datentabelle**. Letztere enthalten Informationen zu Sachverhalten während eines bestimmten Zeitraums oder zu einem bestimmten Zeitpunkt. Dieser Materialtypus kommt regelmäßig auch in Klausuren und im Abitur vor.

1.2 Auswerten von Datentabellen

BEISPIEL

Zuckerrohrproduktion in Kuba 1986 bis 2012

Jahr	Fläche (Mio. ha)	Ernte (Mio. t)
1986	1 328,6	6,85
1988	1 297,3	7,37
1990	1 420,3	8,18
1992	1 451,7	6,63
1994	1 248,9	4,32
1996	1 244,5	4,13
1998	1 048,5	3,28
2000	1 040,9	3,64
2002	1 041,2	3,47
2004	661,0	2,38
2006	397,1	1,11
2008	380,3	1,57
2010	431,4	1,15
2012	510,0	1,62

Quelle: FAOSTAT, 2013

- Zuerst machen Sie sich anhand der **Überschrift** bewusst, was die Hauptaussage der Tabelle ist und welchen zeitlichen Bezug sie aufweist. Im Beispiel wird die Zuckerproduktion auf Kuba in den 26 Jahren seit 1986 dargestellt.
- Durch die **Kopfleiste** (hier: Angabe zur Produktionsfläche und zur Erntemenge) und die **Randleiste** (hier: Jahreszahlen im Zwei-Jahres-Abstand) erfahren Sie Näheres zum Inhalt. Die **Größenordnung/ Maßeinheit** gibt an, ob es sich um absolute oder relative Werte handelt, die ggf. miteinander in Beziehung stehen (z. B. BIP/ Einw.), oder um Indexwerte (vgl. Wissenskasten, S. 32). Im Beispiel liegen jeweils absolute Werte vor (Millionen Hektar bzw. Millionen Tonnen).

WISSEN

Absolute Werte – relative Werte – Indexwerte

- Statistische Daten können grundsätzlich als absolute oder als relative Werte angegeben werden. Der Begriff **absoluter Wert** entspricht dem umgangssprachlichen Begriff „Anzahl“. Bei einem **relativen Wert** wird der absolute Wert auf die Gesamtzahl bezogen; relative Werte werden häufig in Prozent angegeben.
  Beispiel: Der Anteil der Personen älter 65 Jahre in China scheint im Jahr 2014 mit 130 Mio. Menschen (= absoluter Wert) im Vergleich zu Deutschland (17 Milo.) sehr hoch zu sein. Bezogen auf die Gesamtzahl der Bevölkerung (1,4 Milliarden) ist der Anteil in China jedoch recht gering (9,3 % = relativer Wert) – jedenfalls im Vergleich zu Deutschland (Gesamtbevölkerung 80,1 Mio.; relativer Wert: 21,2 %).
- Bei **Indexwerten** werden absolute Werte eines Ausgangswertes mit 100 gleichgesetzt, damit ihre Entwicklung trotz unterschiedlicher Größenordnungen verglichen werden kann. **Beispiel:** Ein Indexwert von 132 zu einem späteren Zeitpunkt bedeutet einen Anstieg um 32 %, bezogen auf den Ausgangswert (nicht auf das Vorjahr!).

- Damit Ihre Auswertung nicht zu langatmig wird, ist es sinnvoll, umfangreiche Datenmengen in sinnvolle „Portionen“ zu unterteilen. Im vorliegenden Beispiel sollten Sie die dargestellte Entwicklung der Zuckerproduktion in überschaubare Phasen **untergliedern**. Bei solchen Bündelungen hilft es, **Ausgangs- und Endwerte** sowie herausragende positive (**Maxima**) oder negative (**Minima**) Zwischenwerte zu beachten, soweit diese vorliegen. In unserem Beispiel ist sowohl bei der Anbaufläche als auch bei der Erntemenge seit 1992 ein deutlicher Rückgang zu verzeichnen, mit leichten Schwankungen bis 2002. Zwischen 2002 und 2008 gingen Fläche und Ernte erneut stark zurück. Danach wurde der Flächenanteil bis 2012 gesteigert, während die Erntemenge in etwa konstant blieb.
- Je nach Aufgabenstellung müssen Sie zwischen diesen Teilaussagen **Sinnzusammenhänge** herstellen. Beim obigen Beispiel stellt sich z. B. die Frage, ob es einen unmittelbaren Zusammenhang zwischen Ausdehnung/Rückgang der Anbaufläche und der Gesamterntemenge gibt. Auf diese Weise ließe sich z. B. eine überproportionale oder unterdurchschnittliche Entwicklung der Ertragsfähigkeit feststellen. Mithilfe des Taschenrechners kann man schnell errechnen, dass z. B. die Erntemengen 2000 oder 2012 im Verhältnis zur Anbaufläche verglichen mit 1986 deutlich niedriger liegen. Ggf. müssten Sie mithilfe weiterer Materialien nach Ursachen suchen.
- Beachten Sie ggf. ergänzende Informationen in Form von **Fußnoten**.
- Klären Sie mithilfe der **Quellenangaben**, ob es sich um offizielle Stellen wie z. B. statistische Bundesämter handelt, die die Daten herausgegeben haben,

oder aber um Informationen, die aus mehreren oder nicht unbedingt verlässlichen Quellen zusammengestellt wurden.

16 Vergleichen Sie mithilfe der angegebenen Indikatoren die Entwicklungsstände der drei westafrikanischen Staaten. Benutzen Sie hierfür die folgenden Fragen.

Entwicklungsstände in Afrika im Vergleich

	HDI-Rang[1] 2013	Bev. mit weniger als 1,25 US-$ KKP[2]/Tag (2002–2012, in %)	BIP/Kopf (2011, in US-$ KKP[2])	Internet-Nutzer (2012, % der Bev.)	Kinderarbeit (2012, % der 5–14-Jährigen)	Analphabeten (2005–2012, 15 J. und älter, in %)	Ärzte pro 1 000 Einw. (2003–2012)
Liberia	175	84	782	3,8	20,8	57,1	0,1
Guinea	179	43	1 216	1,5	40,1	74,7	1,0
Sierra Leone	183	52	1 586	1,3	26,0	56,7	0,2
Deutschland	6	0	41 966	84,0	k. A.	k. A.	36,9
Spanien	27	0	31 198	72,0	k. A.	0,3	39,6
Südafrika	118	14	11 989	41,0	k. A.	7,0	7,6

1 HDI: Human Development Index, der Index zur menschlichen Entwicklung gibt den weltweiten Rang eines Staates an.
2 KKP (Kaufkraftparität): Eine Berechnung, die eine Vergleichsmöglichkeit des Lebensstandards von Menschen in unterschiedlichen Wirtschaftsräumen bietet. Sie berücksichtigt die Kaufkraft der lokalen Währung im Vergleich zum US-Dollar.

Quelle: zusammengestellt nach Human Development Report 2014. Sustaining Human Progress: Reducing Vulnerabilities and Building Resilience. UN, New York 2014, S. 159 ff., 180 ff., 188 ff., 192 ff., 196 ff., 200 ff., 208 ff.

- Welches Thema wird durch die Überschrift angesprochen?
- Welcher Raum wird/welche Räume werden untersucht?
- Welche Funktion haben die drei im unteren Tabellenteil angeführten Staaten?
- Sagt die Tabelle etwas über aktuelle Entwicklungen aus?
- Über welche weiteren, hier nicht abgebildeten Indikatoren zum Thema „Länder unterschiedlichen Entwicklungsstandes“ sagen die sieben angeführten Indikatoren indirekt etwas aus?
- Welche Interdependenzen zwischen den Aussagen der einzelnen Spalten gibt es?
- Enthält die Tabelle Prognosen?
- Welche zentralen Aussagen lassen sich aus der Tabelle ablesen?
- Handelt es sich um eine verlässliche Quelle?

- Beachten Sie die unterschiedlichen Größenordnungen und Zeiteinheiten.
- Überlegen Sie, für welche Lebens- und Wirtschaftsbereiche die angegebenen Indikatoren stellvertretend stehen und interpretiert werden können.

17 Vergleichen Sie die Altersentwicklung in ländlichen Kreisen Deutschlands.

Altersentwicklung in ländlichen Kreisen Deutschlands (1999 = Indexwert 100)

	West			Ost		
Raumkategorie	**1999**	**2010**	**2020**	**1999**	**2010**	**2020**
Agglomerationsraum (ländliche Kreise)						
Bevölkerung gesamt	100	100	99	100	103	106
unter 20 Jahre	100	91	82	100	83	89
20 bis 60 Jahre	100	99	97	100	105	100
über 60 Jahre	100	110	119	100	117	135
Verstädterter Raum (ländliche Kreise)						
Bevölkerung gesamt	100	101	100	100	94	90
unter 20 Jahre	100	90	81	100	69	73
20 bis 60 Jahre	100	102	98	100	96	82
über 60 Jahre	100	110	125	100	111	124
Ländlicher Raum (ländliche Kreise)						
Bevölkerung gesamt	100	101	101	100	93	89
unter 20 Jahre	100	90	80	100	67	69
20 bis 60 Jahre	100	102	99	100	96	80
über 60 Jahre	100	111	126	100	112	131

Quelle: nach Schmied, D.: Entleeren sich die ländlichen Räume in Deutschland? Einige sachliche Aussagen anstelle eines Horrorszenarios. In: Popp, H./Obermaier, G. (Hrsg.): Raumstrukturen und aktuelle Entwicklungsprozesse in Deutschland, Bayreuth 2009, S. 53–67; nach Daten der statistischen Ämter der Bundesländer und des statistischen Bundesamtes

- Betrachten Sie zunächst die Werte einer einzigen Altersgruppe bezogen auf Westdeutschland, z. B. „unter 20 Jahre" in Agglomerations-, verstädterten und ländlichen Räumen.
- Stellen Sie diesen drei Werten nun die entsprechenden in Ostdeutschland gegenüber.

2 Balken- und Säulendiagramme

2.1 Allgemeines

Diagramme dienen dazu, statistische Angaben **anschaulicher darzustellen**, als dies eine große Zahlenmenge vermag. Dabei sind die verschiedenen Diagrammtypen unterschiedlich gut geeignet, um bestimmte Sachverhalte grafisch abzubilden. **Säulen- und Balkendiagramme** dienen z. B. vorrangig dazu, **quantitative Sachverhalte** zu veranschaulichen, d. h., es werden in der Regel absolute, keine relativen Werte dargestellt.

WISSEN

- Säulen- und Balkendiagramme unterscheiden sich lediglich durch ihre Ausrichtung: **Säulen stehen senkrecht**, Balken liegen waagerecht. Beide Diagrammtypen können eine Untergliederung aufweisen, paar- oder gruppenweise vorkommen, zudem überlappend oder dreidimensional dargestellt werden.
- Stehen Säulendiagramme einzeln, so beziehen sie sich auf einen bestimmten Zeitpunkt; bilden sie eine Reihe, so spiegeln sie eine Entwicklung oder einen Verlauf. Im Unterschied zu Säulen- kommen Balkendiagramme selten als Zeitreihe vor.
- Sind die Säulen bzw. Balken untergliedert und „**gestapelt**“, so verdeutlichen sie Anteile an einer Gesamtmenge.

2.2 Auswerten von Säulen- und Balkendiagrammen

BEISPIEL

Weltwirtschaft und Welthandel 1980–2018

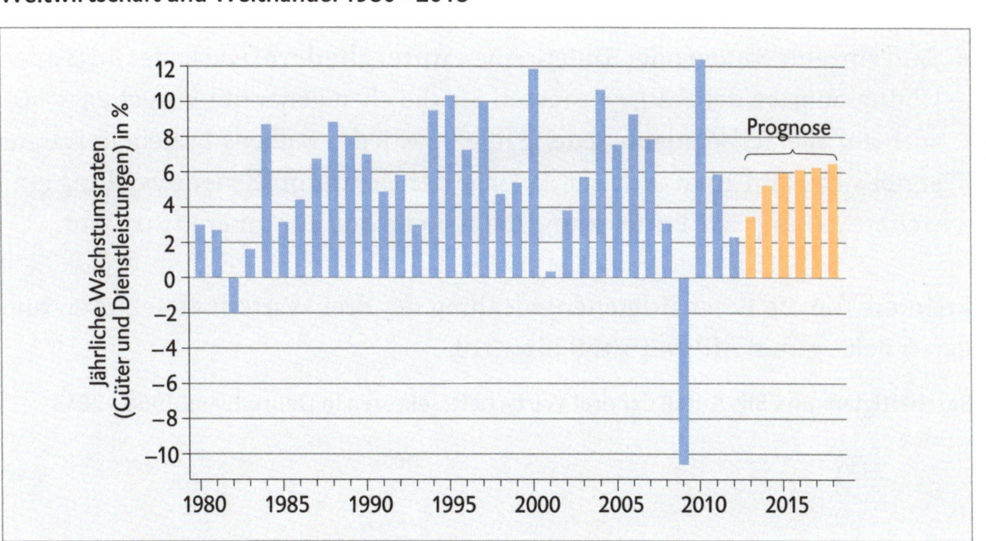

Quelle: nach Daten des IWF 2013

- Anhand der **Überschrift** sollten Sie zuerst **Thema und Raumbezug** erfassen. Im obigen Beispiel wird die Entwicklung der Weltwirtschaft zwischen 1980 und 2018 anhand der jährlichen Wachstumsraten dargestellt, wobei es sich bei den Aussagen ab 2013 um Prognosen handelt.
- Anschließend betrachten Sie die **Einteilungen der x-Achse und der y-Achse** (vgl. S. 41): Wo nimmt die x-Achse ihren Ausgangspunkt, d. h. hier: mit welchem Jahr beginnt die zeitliche Darstellung, und in welchen regelmäßigen/unregelmäßigen Zeitabständen enthält sie Informationen zum Thema? Beginnt die y-Achse bei Null oder erst bei einem höheren Wert? In letzterem Fall könnte es sein, dass eine optische Täuschung vorliegt (oder be-

absichtigt ist), da die dargestellten Unterschiede in der Realität kleiner sind, als sie optisch wirken. Im Beispiel sind die Säulen im regelmäßigen Ein-Jahres-Abstand dargestellt, was ein Nachvollziehen der jährlichen Entwicklung ermöglicht. Die y-Achse ist zweigeteilt in einen positiven und einen negativen Bereich; die Säulen setzen jeweils auf der Nulllinie auf.

- Untersuchen Sie anhand der y-Achse, ob die Darstellung **in absoluten, relativen oder in Beziehungszahlen** (**Index**) erfolgt (vgl. S. 32). Die Entwicklung im Beispiel wird in relativen Zahlen dargestellt: Der jährliche Folgewert ist jeweils höher bzw. niedriger als der Wert des Vorjahres.
- Beachten Sie zunächst den grundsätzlichen Entwicklungsverlauf anhand der unterschiedlichen Säulenhöhen, bevor Sie mit Blick auf **Maxima** und **Minima** diesen Verlauf ggf. in einzelne **Phasen** unterteilen. Im Beispiel ist ein Auf und Ab zu erkennen, wobei bis auf zwei Jahre ein jährliches positives Wachstum unterschiedlicher Stärke zu erkennen ist.
- Sind einzelne Säulen oder Säulenreihen **untergliedert** (wie in der folgenden Übungsaufgabe der Fall), so müssen Sie die eben genannte Vorgehensweise auch auf alle Teilsegmente jeder Säule bzw. jedes Balkens beziehen. Daraus ergibt sich dann zusätzlich zur Aussage der Gesamtgrößenentwicklung eine weitere Aussage zur Entwicklung der Anteile und zur inneren Struktur.

18 Erläutern Sie die Beschäftigtenentwicklung der drei Wirtschaftssektoren und deren Beitrag zum BIP von 1968 bis 2013.

Beschäftigten- und BIP-Anteil der drei Wirtschaftssektoren in Deutschland 1968 – 2013

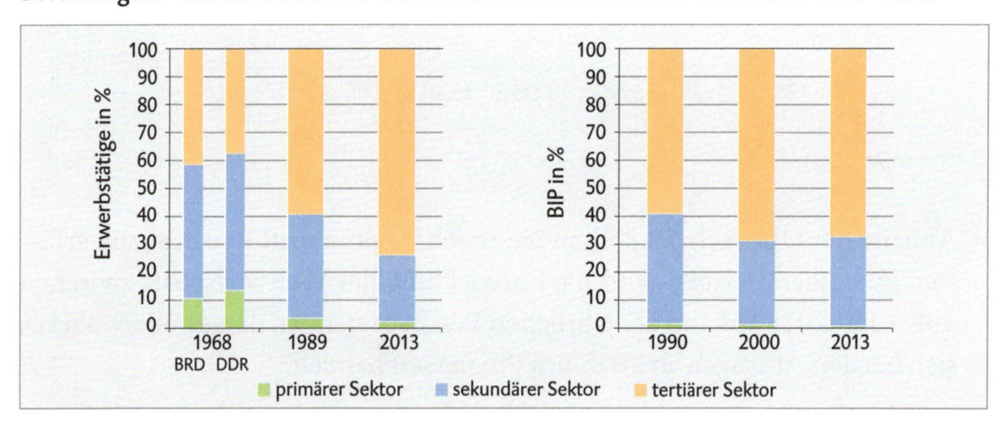

Quelle: nach Daten des Statistischen Bundesamtes, Wiesbaden 2015

TIPP

Werten Sie zunächst beide Diagrammteile getrennt aus. Vergleichen Sie dann, wie viele Erwerbstätige je Wirtschaftssektor benötigt werden, um jeweiligen Anteil am BIP zu erwirtschaften.

19 Setzen Sie die folgenden Daten in ein aussagekräftiges Diagramm um.

Bevölkerung in Indien 2009 (Angaben in 1 000 Einwohnern)

Gesamtbevölkerung	1 166 079
Bevölkerung im ländlichen Raum	839 577
davon unterhalb der Armutsgrenze lebend	256 537
Bevölkerung im städtischen Raum	326 502
davon unterhalb der Armutsgrenze lebend	81 626

Quelle: CIA World Factbook

Überlegen Sie, wie viele Säulen/Balken Sie für Ihre Darstellung brauchen und ob Sie die Sachverhalte ggf. durch untergliederte Säulen/Balken darstellen wollen.

20 Vergleichen Sie die Merkmale und Funktionen der abgebildeten Global Citys.

„Global Citys Index" 2014 (Auswahl)

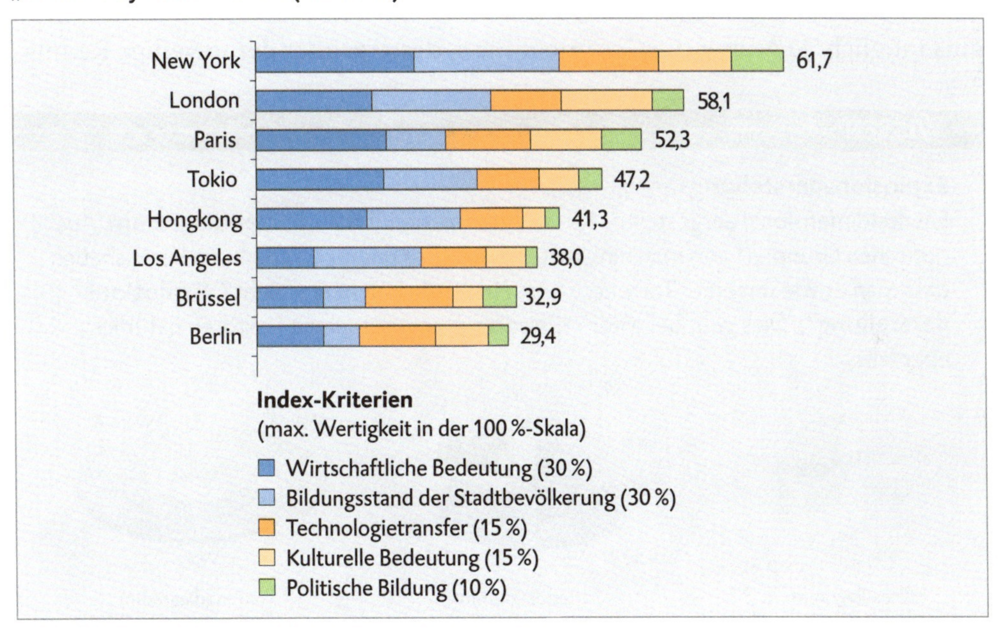

Quelle: Global Citys Index 2014 and Emerging Citys Outlook, ATKearney 2014

Nehmen Sie bei der Auswertung neben dem Gesamtindex auch den Anteil der einzelnen Teil-Indices in den Blick. Infos zum Thema „Indexwerte" finden Sie auf S. 32.

3 Kreis- und Ringdiagramme

3.1 Allgemeines

Kreis- und Ringdiagramme sind besonders gut geeignet, um **Anteile eines Sachverhaltes** bezogen auf ein Ganzes darzustellen. Hierzu dienen unterschiedlich farbig oder durch Schraffur gekennzeichnete Kreissektoren. Deren Winkelgröße in Relation zu 360° entspricht dabei dem prozentualen Sachanteil. Beispielsweise beträgt bei einem Sachanteil von 20 % der Sektorenwinkel 20/100 von 360 = 72°.
Kreis- und Ringdiagramme unterscheiden sich dadurch, dass ein **Kreisdiagramm** nur einen einzigen Sachverhalt darstellt, während ein **Ringdiagramm** mithilfe von zwei oder mehr Ringen mehrere Sachverhalte (oder einen Sachverhalt zu mehreren Zeitpunkten) abbilden kann. Will man zusätzlich eine quantitative Veränderung aufzeigen, so ist dies mithilfe des Kreis- oder Ringradius möglich: Je größer die Gesamtsumme, desto größer der jeweilige Radius.

WISSEN

Explosionsdarstellung
Ein dreidimensional dargestelltes Kreisdiagramm nennt man **Tortendiagramm.** Aus optischen Gründen kann man ein „Tortenstück" (= Kreissektor) dadurch herausheben, dass man es wie mit einer Tortenschaufel ein Stückchen herauszieht („**Explosionsdarstellung**"). Dies geht bei einem Kreisdiagramm und seinen Sektoren natürlich ebenfalls.

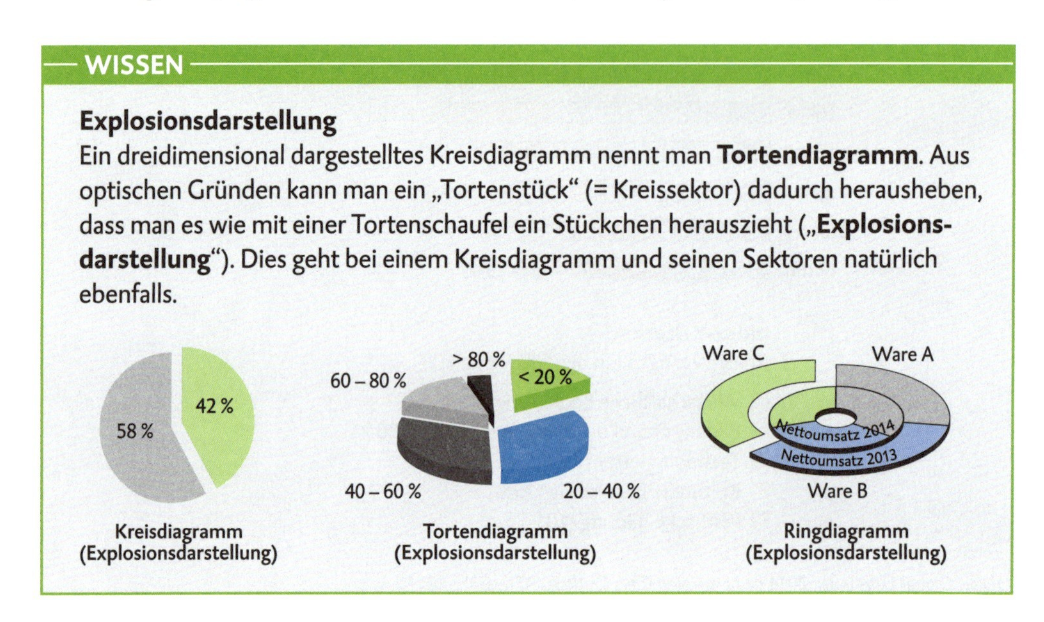

Kreisdiagramm (Explosionsdarstellung)

Tortendiagramm (Explosionsdarstellung)

Ringdiagramm (Explosionsdarstellung)

3.2 Auswerten von Kreis- und Ringdiagrammen

BEISPIEL

Globale Produktion und Weiterverarbeitung von Kakaobohnen 2012/13

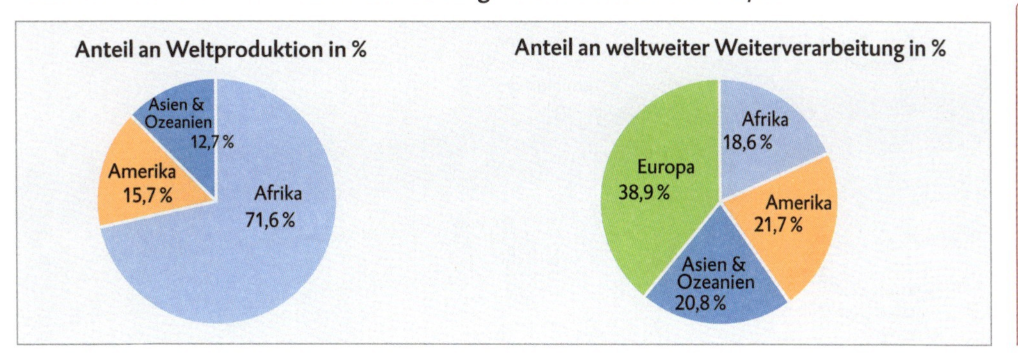

Quelle: International Cocoa Organization 2014

- Betrachten Sie zunächst die **Überschrift.** Im Beispiel wird im ersten Kreissektorendiagramm der Anteil der Kontinente an der weltweiten Kakaobohnenernte 2012/13 dargestellt, im zweiten deren Anteil an der Weiterverarbeitung der geernteten Kakaobohnen: Hier dominiert Europa, wohingegen der Hauptkakaoproduzent Afrika den letzten Platz einnimmt.
- Der durch das Nebeneinander der beiden Kreise mögliche **Vergleich** ergibt, dass die Weiterverarbeitung und somit der Großteil der Gewinnerzielung nicht im Herkunfts-/Anbauland, sondern in Europa und Amerika erfolgt.

21 Vergleichen Sie die Entwicklung der deutschen Landwirtschaft anhand der Produktionsschwerpunkte 2003 und 2013.

Produktionswert der deutschen Landwirtschaft 2003 und 2013

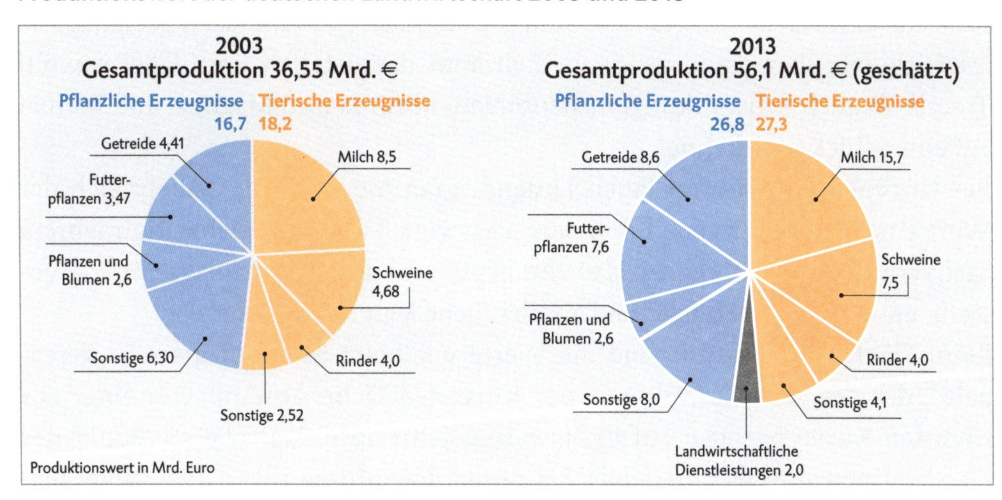

Quelle: www.bmel-statistik.de, hrsg. vom Bundesministerium für Ernährung und Landwirtschaft, 2014

Berücksichtigen Sie die Entwicklung auch im Hinblick auf das Gesamtproduktionsvolumen.

22 Erläutern Sie die Beschäftigten- und Umsatzstruktur im Bereich der Logistik.

Logistik in Deutschland: Umsatz und Beschäftigte (in %)

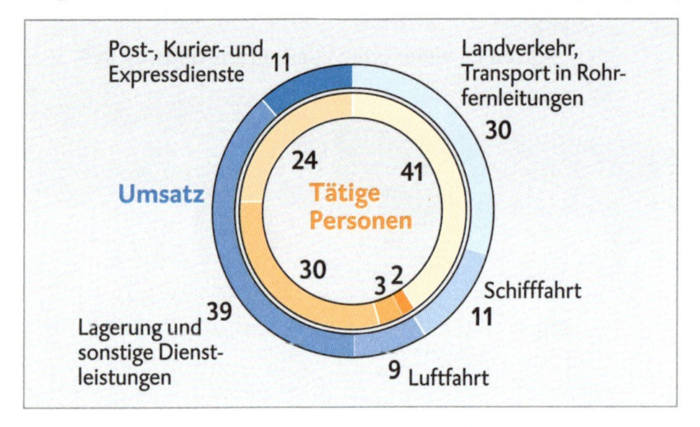

Quelle: eigene Berechnung und Darstellung nach BAFA, Eschborn und Deutsches Institut für Wirtschaftsforschung, Intraplan; Statistisches Bundesamt, Wiesbaden 2015

Setzen Sie zu den einzelnen Teilaussagen jeweils die Werte des inneren Kreises in Beziehung. Der Abgleich ergibt den Hinweis auf die jeweilige Personalintensität der einzelnen Logistikbranchen.

4 Kurven- und Flächendiagramme

4.1 Allgemeines

Kurven- und Flächendiagramme sind im besonderen Maße dazu geeignet, die Entwicklung über einen gewissen Zeitraum darzustellen und dabei sowohl Trends als auch Schwankungen abzubilden. Minima und Maxima sind hierbei auf einen Blick zu erkennen.

Bei **Kurvendiagrammen** (auch Liniendiagramme genannt) bezieht sich der Wert einer jeden Kurve auf den Ausgangswert. Werden gleichzeitig mehrere Sachverhalte durch **mehrere Kurven** in ein und demselben Diagramm dargestellt, entsteht eine schnelle und anschauliche Vergleichbarkeit.

Beim **Flächendiagramm** sind die Werte wie beim Säulendiagramm „gestapelt“, d. h., es zählt jeweils nur der Kurven-/Flächenabstand von einer zur nächsten Kurve bezogen auf die jeweilige Jahreszahl. Der oberste Punkt des Flächendiagramms gibt zu jedem Zeitpunkt die Summe aller dargestellten Flächenwerte an (ein Beispiel für ein Flächendiagramm finden Sie auf S. 42).

WISSEN

x- und y-Achse

- Der zeitliche Maßstab wird auf der **x-Achse** (= Rechtsachse) abgebildet; der quantitative sachliche Gegenstand durch absolute, relative oder vergleichende Werte auf der y-**Achse** (= Hochachse).
- Sachverhalte können auch durch zwei verschiedene Maßstäbe abgebildet werden; in diesem Fall werden diese an der linken bzw. rechten y-Achse angegeben.
- **Achtung:** Ist die Zeiteinteilung auf der x-Achse nicht einheitlich oder beginnt die Einteilung auf der y-Achse nicht bei Null, besteht die Gefahr einer optischen Täuschung: Entwicklungen können dem Augenschein nach stärker oder schwächer wirken, als sie es tatsächlich sind.

4.2 Auswerten von Kurven- und Flächendiagrammen

BEISPIEL

Entwicklung der Online-Nutzung in Deutschland 1997 – 2013

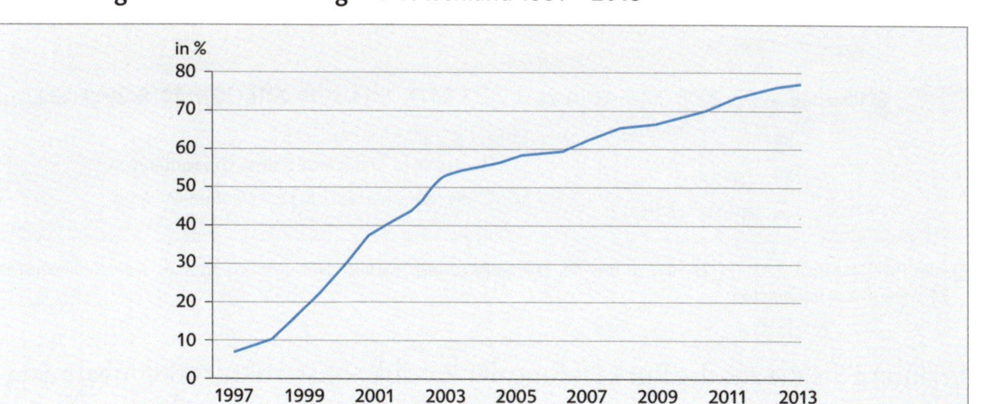

Quelle: erstellt nach Daten von ARD/ZDF-Onlinestudien 1998-2013

- Orientieren Sie sich anhand der Überschrift über den **Raum- und Zeitbezug**.
- Vergewissern Sie sich anhand der **Quellenangaben** über die Verlässlichkeit der Angaben. Im Beispiel handelt es sich vermutlich um eine Zuschauerbefragung.
- Beachten Sie, in welcher **Größenordnung** die Darstellung erfolgt und welche Aussagen auf dieser Grundlage möglich sind. Die Angabe in Prozent im vorliegenden Beispiel z. B. lässt die Zu- oder Abnahme der deutschen Gesamtbevölkerung außer Acht. Jedoch erlauben die relativen Angaben ein schnelles Verständnis davon, in welch rasantem Tempo die Online-Nutzung zugenommen hat.

Vertiefen Sie Ihr Wissen

- Betrachten Sie den **Kurvenverlauf** nun **im Detail**, um herauszufinden, ob es sich um eine stetige, stagnierende oder schwankende Entwicklung handelt. Im Beispiel ist eine **stetige Zunahme** ausgehend vom **Minimum** im Jahr 1997 (unter 5 %) zu sehen, die ihre deutlichsten Zuwächse von 1997 bis 2003 aufweist und die danach in abgeschwächter Form weiter regelmäßig ansteigt bis zum **Maximalwert** von fast 80 % im Jahr 2013.

23 Beschreiben Sie die Entwicklung der chinesischen Automobilindustrie.

Entwicklung der chinesischen Automobilindustrie

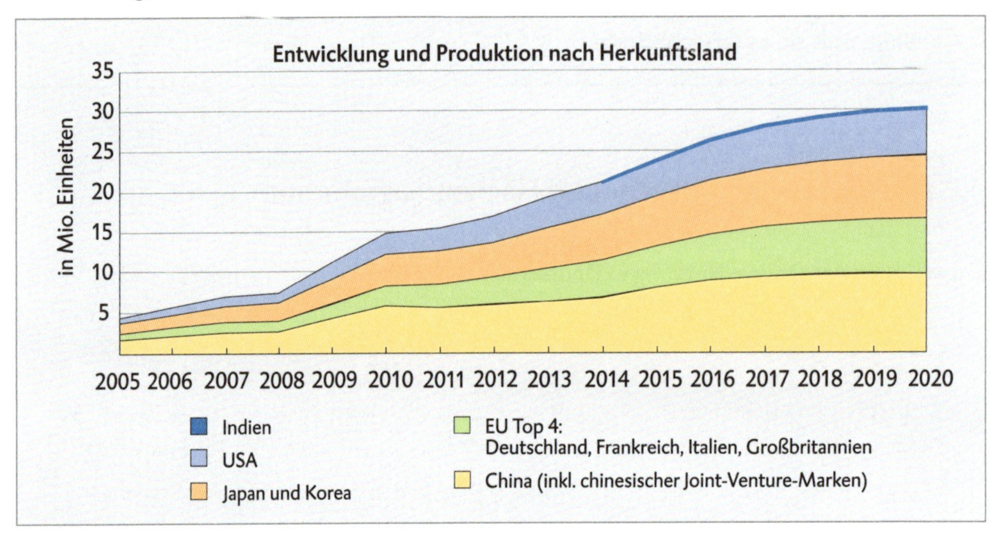

Quelle: PWC Autofacts (2014/Q3): How to stay Nr. 1! Impulse für die zentralen Herausforderungen der Automobilindustrie, S. 24; www.pwc.de/automotive

24 Erläutern Sie die aus der Entwicklung der Produktionsstruktur erkennbare Strategie der chinesischen Automobilindustrie, auf dem Weltmarkt Fuß zu fassen.

25 Stellen Sie die folgenden Daten in Form eines aussagekräftigen Diagramms dar.

Fremdenverkehr in Kuba

	2008	2009	2010	2011	2012	2013
Ankünfte internationaler Touristen (in Mio.)	2,32	2,41	2,51	2,69	2,82	2,83
Einnahmen (Mio. Pesos Convertibles)	2 347	2 082	2 218	2 503	2 613	2 627

Quelle: Oficina National de Estadística e Informatión: Anuario Estadistico de Cuba 2013

Beachten Sie die verschiedenen Maßstäbe der Angaben. Arbeiten Sie mit unterschiedlichen Farben.

5 Dreiecksdiagramme

5.1 Allgemeines

Dreiecksdiagramme (auch **Strukturdiagramme** genannt) sind sehr gut geeignet, um Sachverhalte abzubilden, die aus drei zusammenhängenden Teilfaktoren bestehen und in der Summe meist 100 % ergeben. Hierzu zählen z. B. die Beschäftigtenstruktur oder BIP-Anteile der drei Wirtschaftssektoren.

WISSEN

Aufbau von Dreiecksdiagrammen

Die grafische Darstellung erfolgt in Form eines **gleichschenkligen Dreiecks**, dessen drei Seiten dieselbe Skalierung aufweisen. Entgegen dem Uhrzeigersinn beginnt die **Achse A** links unten mit dem Wert 0 und endet rechts mit dem Wert 100 (Grundlinie). **Achse B** nimmt an genau dieser Stelle wiederum mit dem Wert 0 ihren Ausgangspunkt und endet beim oberen Dreieckspunkt ebenfalls mit dem Wert 100, wo die dritte **Achse C** mit 0 beginnt und links unten bei A mit dem Wert 100 endet.

Aus je **einem Punkt** lassen sich so jeweils **drei Werte** ablesen (vgl. auch das Beispiel auf S. 44):
Ziehen Sie in Gedanken oder mithilfe eines Bleistifts zu einem jeden Punkt drei **Hilfslinien** (= Parallelen zu den Außenlinien des Dreiecks); verfahren Sie dabei wie folgt:

- Durch Ziehen der Parallele zur C-Achse liefert Ihnen deren Schnittpunkt mit der A-Achse den Wert A.
- Durch Ziehen der Parallele zur A-Achse erhalten Sie durch den Schnittpunkt mit der B-Achse den Wert B.
- Durch die Parallele zur B-Achse und deren Schnittpunkt mit der C-Achse erhalten Sie den Wert C.

Mithilfe von Dreiecksdiagrammen lassen sich auch mehrere Datenreihen und somit Entwicklungen darstellen, indem identische Punktsignaturen mit Hinweisen zu unterschiedlichen Zeitpunkten versehen und miteinander verbunden werden (vgl. S. 45).

5.2 Auswerten von Dreiecksdiagrammen

BEISPIEL

Beschäftigtenstruktur in Deutschland und Pakistan 2013

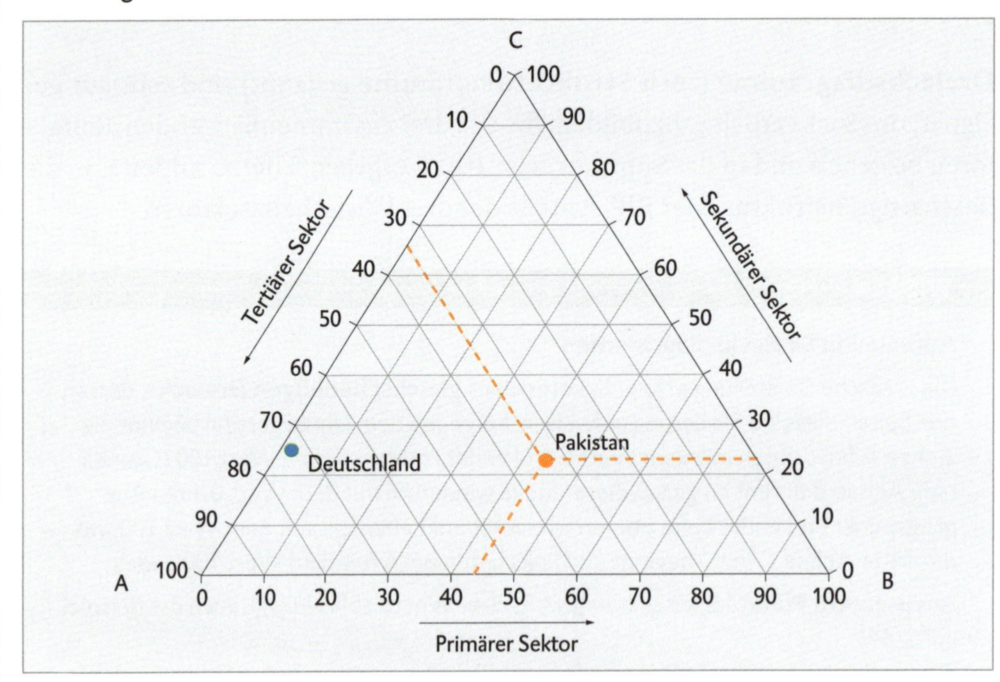

Quelle: eigene Darstellung nach Fischer Weltalmanach 2015, S. 97 und 348

- Entnehmen Sie der Überschrift **Thema, Raumbezug und Zeitpunkt(e)**.
- Lesen Sie zunächst **die drei Werte eines Punktes** aus, indem Sie mit Bleistift drei Hilfslinien parallel zu den drei Achsen ziehen (zur Veranschaulichung sind die Hilfslinien im obigen Beispiel bei Pakistan bereits eingetragen). Deren Schnittpunkte mit der A-, B- bzw. C-Achse liefern Ihnen die drei gesuchten Werte. In unserem Beispiel sind dies bei Pakistan 44, 22 und 34 % Beschäftigte in den Wirtschaftssektoren I, II und III.
- Prüfen Sie, ob sich bei der Darstellung mehrerer Staaten (oder anderer Inhalte) Punkthäufungen ergeben. Anhand solcher Häufungen lassen sich Typisierungen vornehmen, z. B. von Entwicklungs- oder Industrieländern.

26 Stellen Sie die folgenden Daten in Form eines Dreiecksdiagramms dar.

Altersaufbau der Bevölkerung einzelner Großräume (Angaben in %)

	2010			2050		
	0–14 J.	15–64 J.	>65 J.	0–14 J.	15–64 J.	>65 J.
Afrika	41	52	7	26	66	8
Europa	15	68	17	15	57	28
Welt	26	66	8	20	64	16

Quelle: nach Daten aus J. Bähr, Bevölkerungsgeographie, UTB 4. Aufl. 2004

- Zeichnen Sie ein gleichschenkliges Dreieck (Winkel jeweils 60°) mit 10 cm Seitenlänge.
- Benennen Sie die Basislinie mit „0–14 Jahre“ und tragen Sie links „0“ und rechts „100“ ein. Fahren Sie mit der Benennung der beiden anderen Seiten gegen den Uhrzeigersinn entsprechend fort.
- Tragen Sie für Afrika auf der Basislinie den Wert „41“ ein; stricheln Sie danach eine Parallele durch diesen Punkt zur vorhergehenden (= linken) Dreiecksseite.
- Verfahren Sie ebenso für die beiden übrigen Afrika-Werte „52“ und „7“, indem Sie diese Werte auf der Seitenlinie B–C bzw. C–A eintragen und die entsprechenden Parallelen stricheln.
- Auf diese Weise erhalten Sie den Dreieckspunkt für Afrika/2010.
- Verfahren Sie für Europa und die Welt sowie für die drei Werte des Jahres 2050 ebenso.

27 Vergleichen Sie die Wirtschaftsstrukturentwicklung zwischen 1979 und 2013.

BIP-Anteile 1979, 1991 und 2013

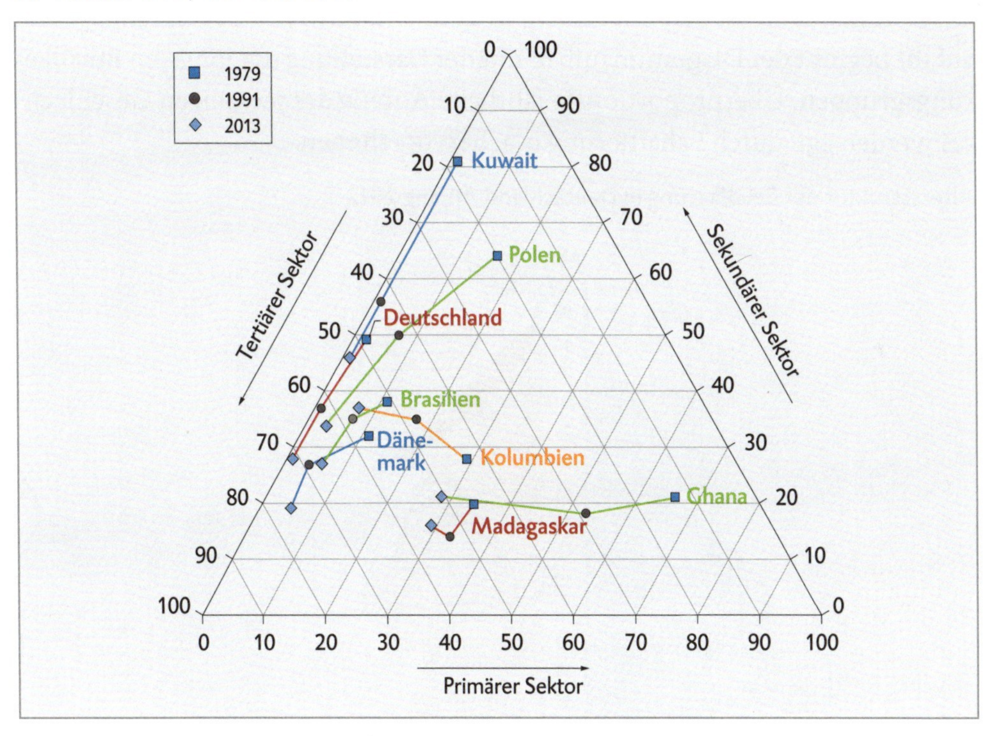

Quelle: Daten zusammengestellt nach Fischer Weltalmanach, verschiedene Jahrgänge

Lesen Sie für die Teilräume die Werte 1979, 1991 und 2013 aus. Notieren Sie sich diese auf einem Blatt Papier, ggf. in Form einer Hilfstabelle.

6 Bevölkerungsdiagramme

6.1 Allgemeines

Bevölkerungsdiagramme werden auch **Altersstrukturdiagramme, Alters- oder Bevölkerungspyramiden** genannt. Sie veranschaulichen die Altersstruktur eines Landes oder eines Raumes im Hinblick auf die Anzahl verschiedener Altersgruppen sowie die Anteile der männlichen und weiblichen Bevölkerung.

Im Endeffekt handelt es sich bei Bevölkerungsdiagrammen um eine **besondere Form von Balkendiagrammen** (vgl. S. 34 ff.): Diese sind an einer Mittelachse abgetragen und geben entweder für jeden einzelnen Jahrgang oder für zusammengefasste Jahrgänge die absoluten oder relativen Werte für die männliche (links) bzw. weibliche (rechts) Bevölkerung an. Auf der Bodenlinie des Diagramms ist die **Größenordnung in Tausend bzw. in Prozent** angegeben, auf ihr beginnt der Diagrammaufbau mit der Darstellung der jüngsten Bevölkerungsgruppen. Überproportionale jährliche Anteile des jeweiligen Geschlechtes werden ggf. durch Schattierung o. a. hervorgehoben.

BEISPIEL **Altersstruktur der Bevölkerung in Deutschland Anfang 2012**

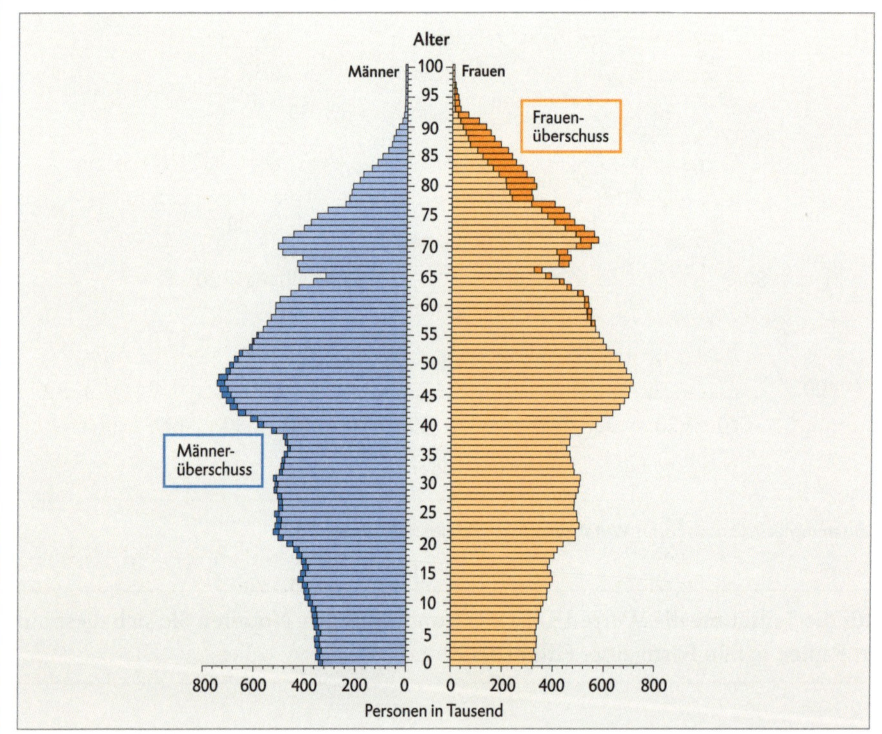

Quelle: Statistisches Bundesamt Wiesbaden 2013

Vertiefen Sie Ihr Wissen

Die ursprüngliche, in Europa in etwa zur Zeit der Frühindustrialisierung gültige **Pyramidenform** mit einem gleichförmigen, fast gleichschenkligen Bevölkerungsaufbau ist inzwischen anderen Formen gewichen (vgl. Wissenskasten). Grund hierfür waren bevölkerungsrelevante Ereignisse wie Seuchen, Wirtschaftskrisen, Kriege oder ein geändertes generatives Verhalten („Pillenknick"). In Entwicklungsländern hingegen hat sich die Pyramidenform sogar in Richtung Pagodenform entwickelt, einer Pyramide mit nach unten sehr breiter Basis, da im Zuge verbesserter gesundheitlicher und z. T. auch wirtschaftlicher Rahmenbedingungen bei gleichbleibend hoher Geburtenrate ein enorm starkes Bevölkerungswachstum zu verzeichnen ist.

WISSEN

Folgende Grundformen von Bevölkerungsdiagrammen sind häufig zu finden.

Pyramidenform

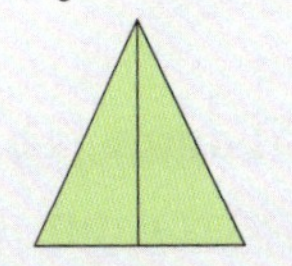

Kennzeichen: hohe Geburtenrate, durchgehend hohe Sterberate
Beispiel: Deutschland 1890, Entwicklungsländer 2000

Bienenkorbform

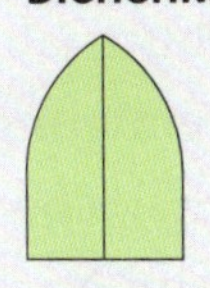

Kennzeichen: in etwa gleich hohe Geburten- und Sterberate, relativ hohe Lebenserwartung, in etwa gleichbleibende Gesamtbevölkerung
Beispiel: Europa 1990, Entwicklungsländer 2050

Urnenform

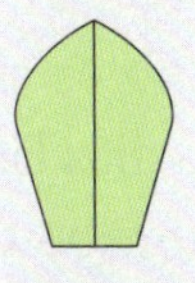

Kennzeichen: jährlich abnehmende Geburtenanzahl, Sterberate höher als Geburtenrate, schrumpfende Bevölkerung, Überalterungsprozess
Beispiel: Dienstleistungsgesellschaften 2030

Tannenbaumform/Tropfenform

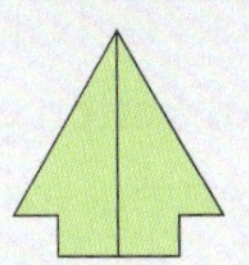

Kennzeichen: abrupter Geburtenrückgang als Folge veränderten generativen Verhaltens oder Maßnahmen der Bevölkerungsplanung
Beispiel: China Ende des 20. Jh., Großstädte mit hohem Single-Anteil u. a.

Pagodenform

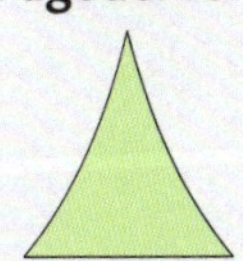

Kennzeichen: Flanken des Diagramms sind konkav durchgebogen als Folge gleichbleibend hoher Geburtenrate und verbesserter Lebensbedingungen
Beispiel: Entwicklungsländer 2010, z. B. Niger, Kenia

6.2 Auswerten von Bevölkerungsdiagrammen

- Machen Sie sich anhand der **Überschrift** den **Raumbezug** und den **Zeitpunkt/Beginn der Darstellung** bewusst.
- Beachten Sie den **Maßstab** der Darstellung (im Beispiel: absolute Angaben in Tausend). Denken Sie daran, dass der Diagrammaufbau „von unten nach oben“ mit dem Jahr der Darstellung beginnt, alle weiteren Jahrgänge also früher auf die Welt gekommen sind.
- Ordnen Sie das Bevölkerungsdiagramm einem **Diagrammtypus** zu, damit Sie wissen, um welchen grundsätzlichen Bevölkerungszustand es sich zum dargestellten Zeitpunkt handelt, welche Entwicklungen in der Vergangenheit stattgefunden haben (können) und welche bevölkerungsmäßigen und gesellschaftlichen Prognosen Sie formulieren können. In unserem Beispiel nähert sich von unten nach oben betrachtet die Diagrammform in ca. 15–20 Jahren derjenigen einer **Urne**.
- Achten Sie auf auffällige **Abweichungen von einer regelmäßigen jährlichen Balkenlänge**, weil Sie dort Ansatzpunkte für die Interpretation im Anschluss an die Beschreibung der Diagrammstruktur finden. In unserem Beispiel finden Sie solche Einschnitte bei den 14–22-Jährigen (Geburtsjahre 1991–1998: die Zeit unmittelbar nach der deutschen Wiedervereinigung), den 39–48-Jährigen (= Geburtsjahre 1964–1973: „Pillenknick“) sowie bei den 63–70-Jährigen (= Geburtenjahre 1938–1949: Kriegs- und Nachkriegsjahre).
- Untersuchen Sie das Bevölkerungsstrukturdiagramm daraufhin, ob es signifikante **Überhänge auf Seiten der Männer oder Frauen** gibt – dies lässt Rückschlüsse auf Verluste z. B. durch Kriege oder größere Migrationsbewegungen zu. In unserem Beispiel sind die deutlichen Verluste an Menschen im Zweiten Weltkrieg anhand der deutlichen Frauenüberhänge in den Geburtsjahren nach 1935 zu erkennen (Kriegsopfer überproportional auf Seiten der Männer). Die Ergebnisse der ökonomisch begründeten Zuwanderungen seit den 1960er-Jahren bis in die Gegenwart (Gastarbeiter, Wirtschaftsflüchtlinge, politisch Vertriebene) spiegelt der erkennbare Männerüberschuss wider.

28 Beschreiben Sie die nachfolgenden Bevölkerungsdiagramme.

29 Ordnen Sie diese den Ihnen bekannten Diagrammtypen zu.

Bevölkerungsdiagramme im Vergleich

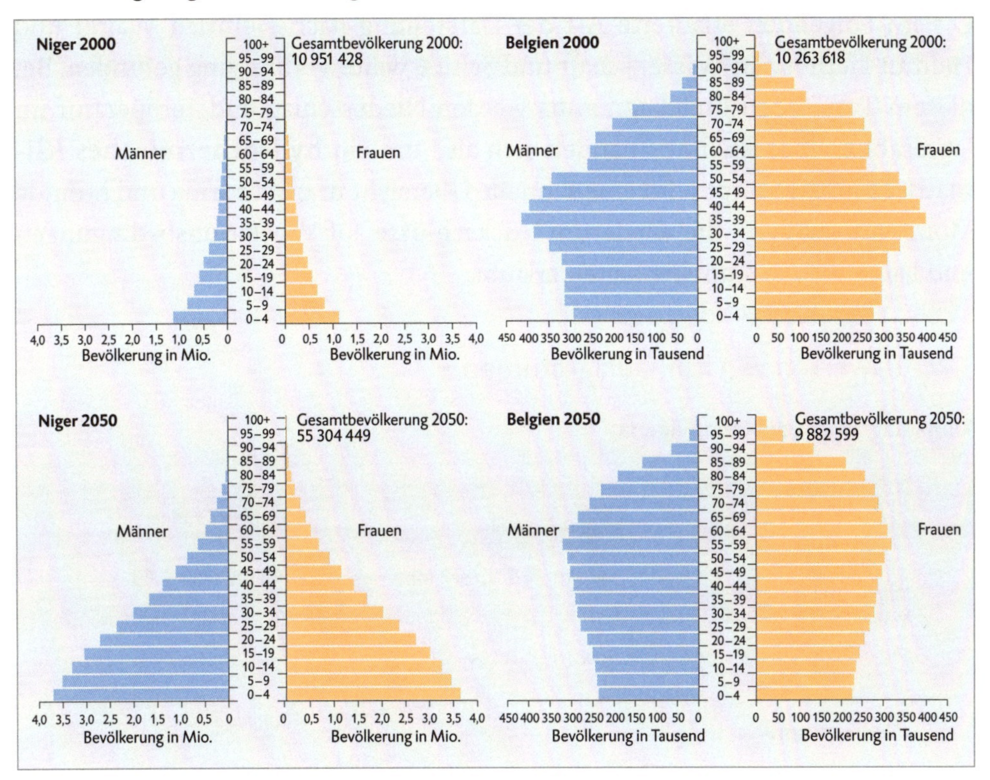

Quelle: U.S. Census Bureau, International Data Base

- Beachten Sie die Breite der jeweiligen „Treppenstufen“.
- Untergliedern Sie ggf. einzelne Bevölkerungsdiagramme in zwei Teiltypen.

7 Klimadiagramme nach Walter/ Lieth

7.1 Allgemeines

Die im Folgenden erläuterte Art der Darstellung nach Heinrich Walter und Helmut Lieth hat in Wissenschaft und Schule weite Verbreitung gefunden. Bei diesem Typ eines Klimadiagramms werden Niederschlag und Temperatur im Jahresablauf dargestellt. Es handelt sich also um ein **hydrothermisches Klimadiagramm**. Damit wird eine schnelle Übersicht u. a. über aride und humide Monate ermöglicht, die wiederum Rückschlüsse auf Vegetationsbedingungen und Landnutzungsmöglichkeiten erlaubt.

7.2 Auswerten von Klimadiagrammen

BEISPIEL **Klimadiagramm von Kano/Nigeria**

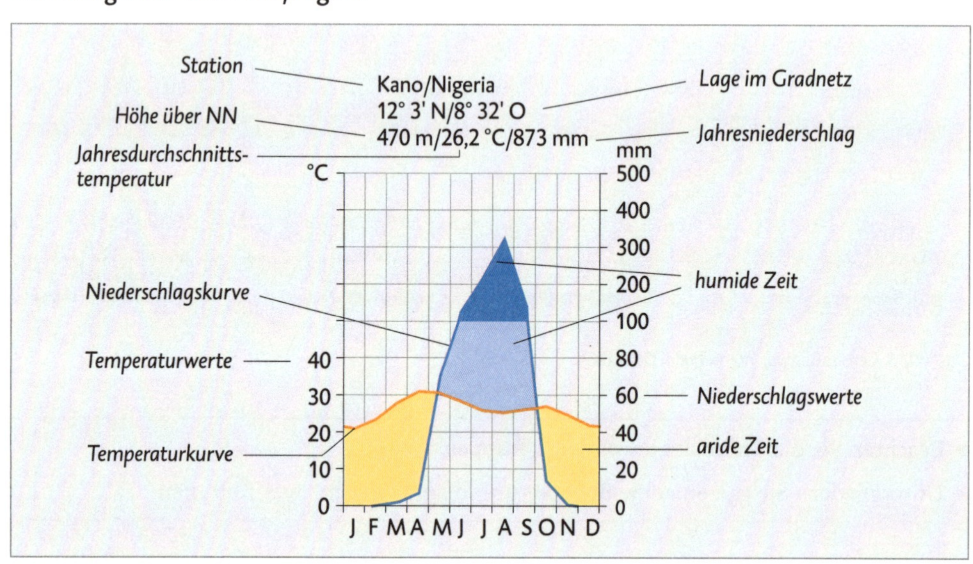

Quelle: W. Hanisch, Geoklima 2.0

- Nehmen Sie zunächst eine **räumliche Einordnung** der Klimastation vor. Dazu sind oberhalb des Diagramms die **Lage** im Gradnetz vermerkt sowie die **Höhe über Normalnull** (NN). In unserem Beispiel liegt die Klimastation auf 12 ° 3' der Nordhalbkugel und auf 8 ° 32' der östlichen Halbkugel sowie 470 m über NN.
- In der **linken y-Achse** finden Sie die **Temperaturangaben** in Grad Celsius. In unserem Beispiel reichen sie von 0 °C bis 40 °C. Bedenken Sie, dass jeweils ein statistischer Durchschnittswert eingetragen ist, also ein Mittelwert, bestehend aus Tages- und Nachttemperaturen in einer Zeitreihe von min-

destens 30 Jahren. Die **rechte y-Achse** gibt die Niederschlagsmenge wieder. Achten Sie darauf, dass Werte über 100 mm in der Regel verkürzt dargestellt sind. So werden im Beispiel ab 100 mm Niederschlag die Einheiten in einer 100-mm-Schrittweite angegeben. In der **x-Achse** sind, wie im Beispiel, bei Stationen der Nordhalbkugel die Monate von Januar bis Dezember dargestellt. Bei Klimastationen der Südhalbkugel ist in der Regel die Reihenfolge vertauscht, d.h. die Monate werden von Juli bis Juni des folgenden Jahres angeführt.

- Temperatur und Niederschlag werden im Verhältnis 1 : 2 eingetragen, im Beispiel also 30 °C und 60 mm Niederschlag in einer Höhe dargestellt. Durch die Flächen zwischen der **Niederschlags-** und der **Temperaturkurve** können Sie ablesen, welche Monate feucht (humid, im Beispiel blau eingefärbt und oberhalb der Temperaturkurve befindlich) bzw. trocken (arid, gelb und darunter liegend) sind. Im Beispiel können Sie also die humiden Monate Mitte Mai bis September ablesen. Außerdem erhalten Sie Hinweise auf ein kontinentales bzw. maritimes Klima (vgl. S. 52).
  Angaben zur über alle 12 Monate gemittelten **Jahresdurchschnittstemperatur** (im Beispiel 26,2 °C) sowie zur **Jahresniederschlagsmenge** (873 mm) finden Sie oberhalb des Diagramms.
- Gehen Sie bei der Beschreibung auf **Extremwerte und Besonderheiten** ein. Dazu zählen markante Temperaturamplituden wie auch Auffälligkeiten bei der Verteilung sowie der Höhe des Niederschlags. Benennen Sie im Beispiel die Temperaturverhältnisse zwischen 21 °C im Winter sowie 30 °C im Mai, die drei trockenen Monate von Mitte November bis Mitte Februar genauso wie die hohen Niederschlagsmengen im Sommer mit dem Maximalwert von über 300 mm im August.
- In Klausuren bildet das Klimadiagramm oftmals eine Grundlage zur **Bewertung** eines Raumes für die **landwirtschaftliche Nutzung**. Als Richtwert für die Vegetationsperiode gelten eine Tagesdurchschnittstemperatur von 5 °C sowie Niederschlagsverhältnisse, denen sich die jeweiligen Nutzpflanzen angepasst haben. Im obigen Beispiel kann somit prinzipiell Landwirtschaft betrieben werden. Denken Sie bei Ihrer Bewertung jedoch daran, dass Risikofaktoren wie z. B. Nachtfröste oder Niederschlagsvariabilität nicht durch die gemittelten Temperaturangaben erfasst werden. Auch ermöglicht z. B. künstliche Bewässerung eine landwirtschaftliche Nutzung in Regionen, die von den natürlichen Niederschlagsbedingungen her für den Anbau nicht geeignet wären.

WISSEN

Kontinentales Klima
- Große jährliche und tägliche Temperaturschwankungen
- Geringe Niederschlagsmengen
- Niederschlagsmaximum häufig im Sommer
- Charakteristisch für das Innere von großen Festlandsmassen

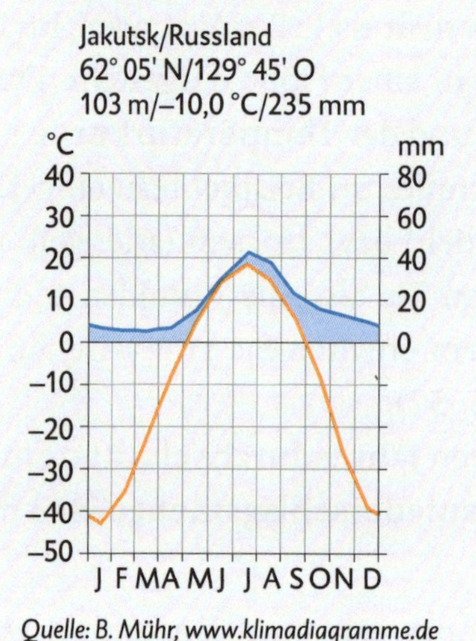

Maritimes Klima
- Geringe jährliche und tägliche Temperaturschwankungen
- Ganzjährig hohe Niederschlagsmengen
- Charakteristisch für Inseln und die Luvseiten von Kontinenten

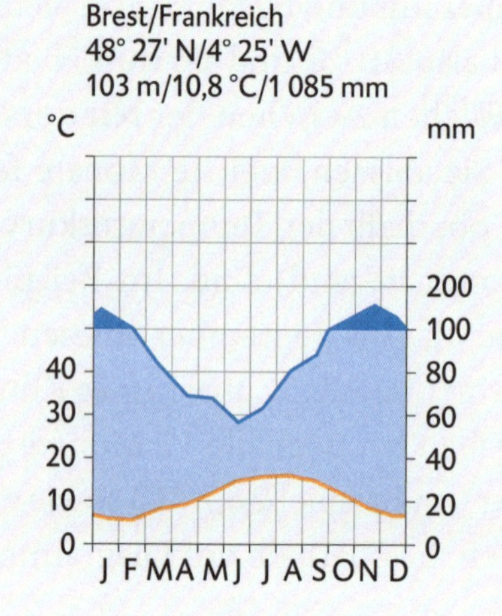

Quelle: B. Mühr, www.klimadiagramme.de

30 Beschreiben Sie das Klima Palermos.

Klimadiagramm Palermo

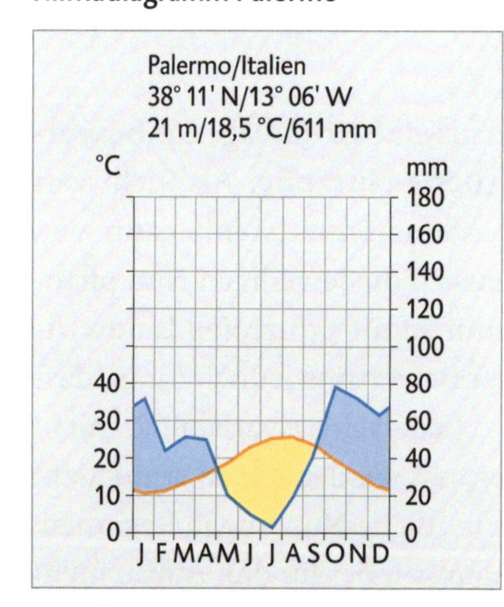

Quelle: B. Mühr, www.klimadiagramme.de

- Strukturieren Sie Ihre Beschreibung, indem Sie zunächst die Lage der Klimastation einordnen, danach die Temperaturwerte ablesen und schließlich die Niederschlagsangaben wiedergeben.
- Achten Sie dabei insbesondere auf die Skalierungen der x- und der y-Achse.
- Berücksichtigen Sie, dass die Temperaturangaben aus den Mittelwerten von Tageshöchst- und -tiefsttemperaturen gebildet werden.

31 Ordnen Sie Assuan/Ägpyten (23° 58' N/32° 47' O), Kisangani/Rep. Kongo (0° 31' N/25° 12' O) und Moskau/Russland (55° 45' N/37° 34' O) dem jeweiligen Klimadiagramm zu. Nutzen Sie dazu die folgenden Fragen.

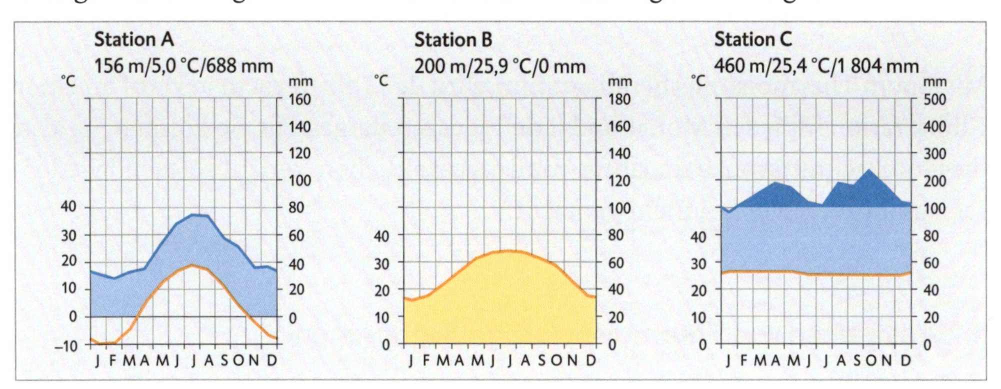

Quelle: B. Mühr, www.klimadiagramme.de

- Geben Sie für die Stationen A, B und C die Lage bezüglich der Erdhalbkugel an.
- Beschreiben Sie den Jahresgang der Temperaturen an den einzelnen Stationen.
- Welche Maximal- und Minimalwerte der Temperatur werden an den Klimastationen A, B und C jeweils erreicht?
- Beschreiben Sie die Niederschlagsverhältnisse an den drei Stationen im Jahresverlauf.
- In welchen Zeiträumen lassen sich an den Stationen A, B und C humide bzw. aride Monate feststellen?
- Welchen Klimazonen lassen sich die Stationen zuordnen?
- Ordnen Sie nun begründet die drei Klimastationen den einzelnen Klimadiagrammen zu.

32 Erstellen Sie anhand der Klimatabelle für Chittagong (Bangladesch) das zugehörige Klimadiagramm.

Chittagong: 22° 21' N/91° 50' O; 27 m; ⌀ 25,1 °C; 2 730 mm

	J	F	M	A	M	J	J	A	S	O	N	D	Jahr
MT	19,4	21,4	25,0	27,2	27,8	27,8	27,5	27,2	27,5	26,7	23,6	20,0	25,1
MN	5	28	64	150	264	533	597	518	320	180	56	15	2 730

- Zeichnen Sie das Klimadiagramm nicht zu klein, sonst können Sie die Werte nur ungenau eingetragen.
- Arbeiten Sie mit kariertem Papier: Zwei Kästchen entsprechen waagerecht einem Monat und senkrecht 10 °C bzw. 20 mm Niederschlag. Achten Sie auf die Stauchung der Niederschlagswerte.

8 Thermoisoplethendiagramm

8.1 Allgemeines

Mit einem Thermoisoplethendiagramm wird der **Temperaturverlauf** an einer Klimastation für jeden Monat und jede Tageszeit dargestellt. So können Sie also die Durchschnittswerte im jahres- und tageszeitlichen Verlauf ablesen. Niederschlagsangaben werden nicht gemacht.

8.2 Auswerten von Thermoisoplethendiagrammen

BEISPIEL

Thermoisoplethendiagramm von Kalkutta/Indien

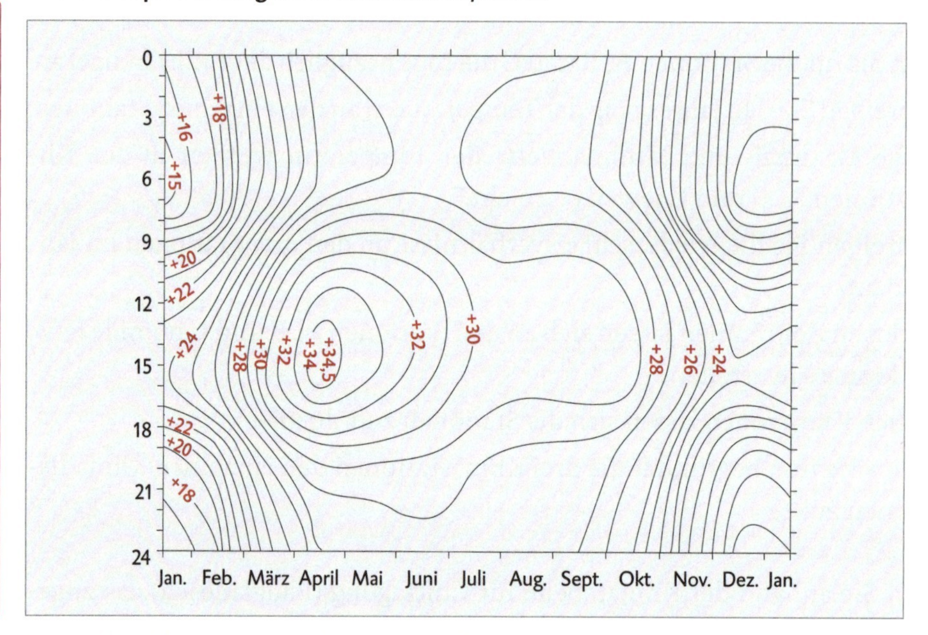

Quelle: Müller-Hohenstein, K.: Die Landschaftsgürtel der Erde. Stuttgart: Teubner Verlag 1979, S. 81

- Nehmen Sie zuerst eine **räumliche Einordnung** der Klimastation vor. Verorten Sie also die Beispielstation Kalkutta auf der Nordhalbkugel bei ca. 22 °N und 88 °O.
- In der linken **y-Achse** finden Sie die Uhrzeit von 0 Uhr (am oberen Rand) bis 24 Uhr (unten) dargestellt. Auf der **x-Achse** sind die Monate eingetragen. Beachten Sie, dass in der Regel bei Stationen auf der Nordhalbkugel mit dem Monat Januar begonnen wird. Für Klimastationen auf der Südhalbkugel beginnt die Darstellung oftmals mit dem Monat Juli.

Vertiefen Sie Ihr Wissen

- Mit den eingetragenen **Isothermen**, Linien gleicher Temperatur, können Sie nun exakte Temperaturwerte sowohl tagesgenau als auch im jahreszeitlichen Rhythmus ablesen. Nutzen Sie zum genauen Bestimmen der Temperaturen ein Geodreieck. Anhand der Schnittpunkte der Isothermen mit der Senkrechten lässt sich der **Tagesgang der Temperatur** für jeden Tag genau ermitteln. Im Beispiel Kalkutta ergibt sich für den 30. April/1. Mai folgender durchschnittlicher Temperaturablauf: Nach dem nächtlichen Temperaturminimum um 5 Uhr mit +27 °C steigt die Lufttemperatur stetig, bis um 14 Uhr bei +33,5 °C das Temperaturmaximum erreicht wird. Die Abkühlung erfolgt langsam über +31 °C (17 Uhr) und +29 °C (20 Uhr) auf unter +28 °C (22 Uhr).
  Waagerecht können Sie den **Jahresgang der Temperatur** zu einer bestimmten Uhrzeit ablesen. Die Temperaturen um 12 Uhr reichen im obigen Beispiel von unter +22 °C im Dezember bis zu mehr als +33 °C im April.
- Im Gegensatz zum Klimadiagramm haben Sie die Möglichkeit, genauere Angaben über **Tageshöchst- und -tiefsttemperaturen** zu machen. Dies ist z. B. bei der Einschätzung von Frostrisiken nützlich.

WISSEN

Thermisches Tageszeitenklima

Kennzeichen: Die Isothermen verlaufen im Jahresgang überwiegend parallel zur waagerechten Monatsachse.

Bedeutung: Die Temperaturamplitude zwischen Tag und Nacht ist größer als diejenige zwischen den einzelnen Monaten.

Charakteristische Klimazone: Tropen

Typischer Verlauf:

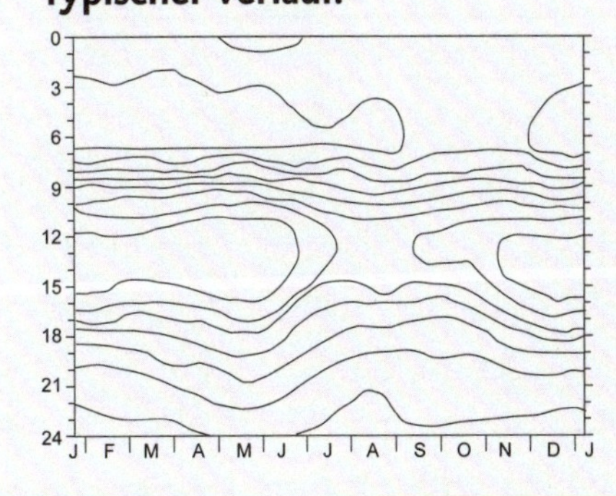

Thermisches Jahreszeitenklima

Kennzeichen: Die Isothermen verlaufen im Jahresgang überwiegend parallel zur senkrechten Achse der Uhrzeiten.

Bedeutung: Die Temperaturamplitude zwischen den einzelnen Monaten ist größer als diejenige zwischen Tag und Nacht.

Charakteristische Klimazone: Außertropen, z. B. Mittlere Breiten

Typischer Verlauf:

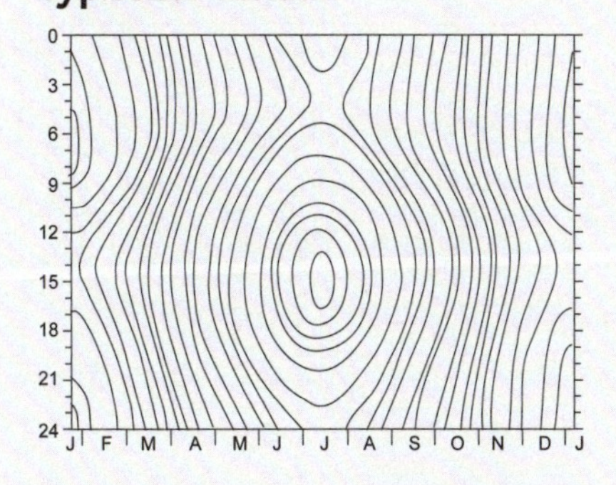

33 Beschreiben Sie im Thermoisoplethendiagramm von Nagpur/Indien den Tagesgang der Temperatur Mitte März sowie die Temperaturamplitude um 12 Uhr.

Thermoisoplethendiagramm Nagpur/Indien

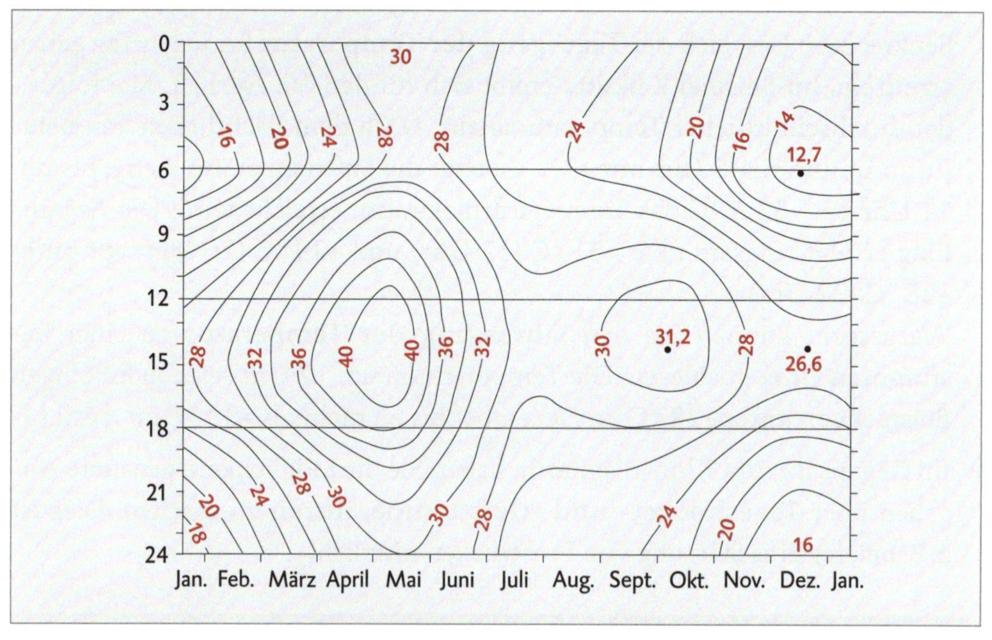

Quelle: nach Joachim Blüthgen, Allgemeine Klimageographie, De Gruyter 1980, S. 143

TIPP Ziehen Sie eine Linie in der Mitte des Worts „März" bis zum oberen Rand des Thermoisoplethendiagramms, damit Sie die Schnittstellen mit den Isothermen schnell und genau erkennen können.

34 Nennen Sie die Monate, in denen an der Station Nagpur/Indien im Tagesgang eine hohe bzw. niedrige Temperaturamplitude vorliegt.

TIPP Je enger die Isothermen verlaufen, desto größer sind die Temperaturunterschiede.

9 Weitere Diagrammformen (Auswahl)

9.1 Punktdiagramme

Punktdiagramme (auch **Streudiagramme** genannt) bilden jeweils **Wertepaare** ab. Hierbei werden zwei Eigenschaften in der Darstellung kombiniert. Einer der beiden Werte wird auf die Maßeinheit der x-Achse, der andere auf diejenige der y-Achse bezogen. Statt Punkten können auch beliebige andere Symbole verwendet werden.

Zusammenhang von Entwicklungsstand und Umweltbelastung

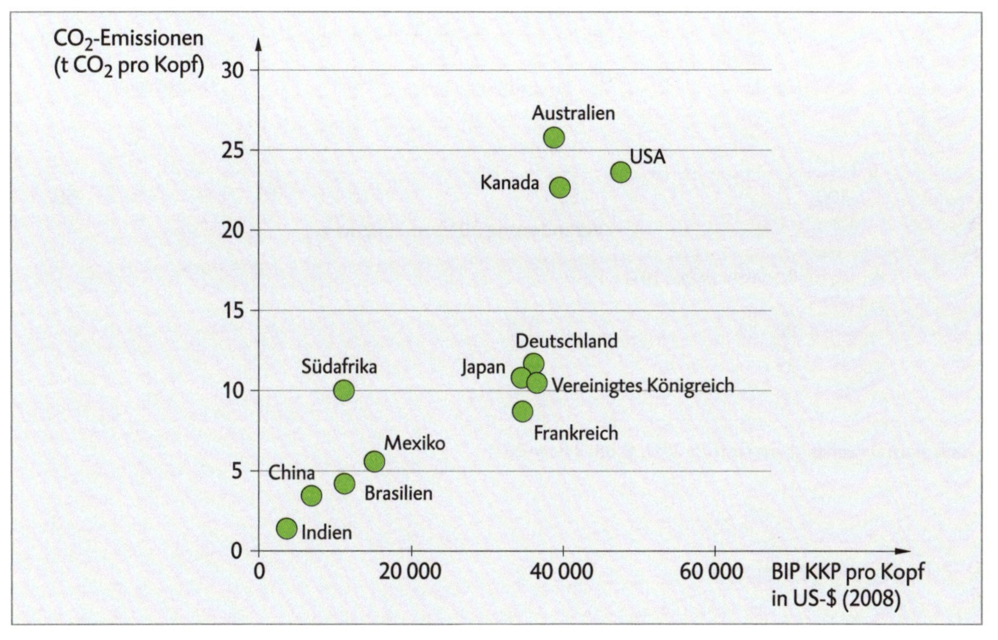

Quelle: © United Nations Environment Programme 2011

Im obigen Beispiel soll die Abhängigkeit zwischen dem Entwicklungsstand eines Landes und dem Schadstoffausstoß pro Kopf (CO_2-Emissionen) aufgezeigt werden, wobei deutliche Unterschiede zwischen ärmeren und reicheren Staaten erkennbar sind. Werden diese Erkenntnisse dadurch besonders deutlich, dass an verschiedenen Stellen Punkthäufungen auftreten, spricht man von **Clustern**.

Eine dritte Information lässt sich dadurch integrieren, dass man anstelle fester Symbole **Kreisdarstellungen mit unterschiedlichen Radien** wählt: Die Kreisgröße gibt hierbei Auskunft über den dritten Sachverhalt. In einem solchen Fall spricht man von **Blasendiagrammen**.

35 Vergleichen Sie die Wohnungsbau-Aktivitäten in der EU von 2008 bis 2012.

Wohnungsbauaktivitäten in der EU

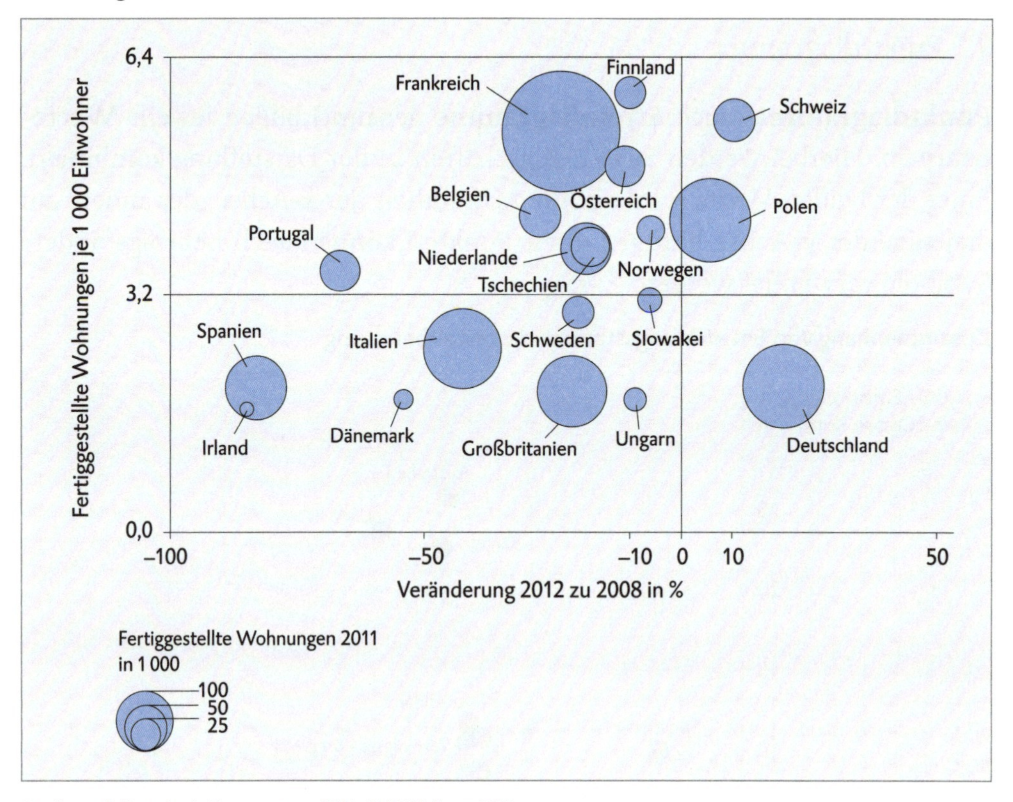

Quelle: nach Datenbasis Euroconstruct 2011, © BBSR Bonn 2011

9.2 Netzdiagramme

Zur Darstellung mehrerer sachlich zueinanderpassender Informationen, z. B. Indikatoren von Entwicklung und Unterentwicklung, sind Netzdiagramme geeignet. Solche Diagramme werden auch **Analysespinne**, **Spinnennetz-** oder **Sterndiagramm** genannt.

In der Regel enthält ein Netzdiagramm **fünf bis sieben Kriterien/Kategorien**, die bezogen auf verschiedene Städte, Staaten oder andere Bezugseinheiten abgebildet werden. Zum Vergleich dienen ein **Ausgangswert 100** (Index oder Prozentwert, S. 59 oben) oder beliebige andere Maßeinheiten (S. 59 unten). Die jeweils besseren oder schlechteren Werte werden ausgehend vom Mittelpunkt des Netzdiagrammes auf den **Achsen** nach außen hin **mit demselben Maßstab** abgebildet. Die zusammengehörenden Werte werden **mit einer Linie untereinander verbunden**, wodurch der optische Eindruck eines (Spinnen-) Netzes entsteht.

BEISPIEL

Staat und Megacity im Vergleich

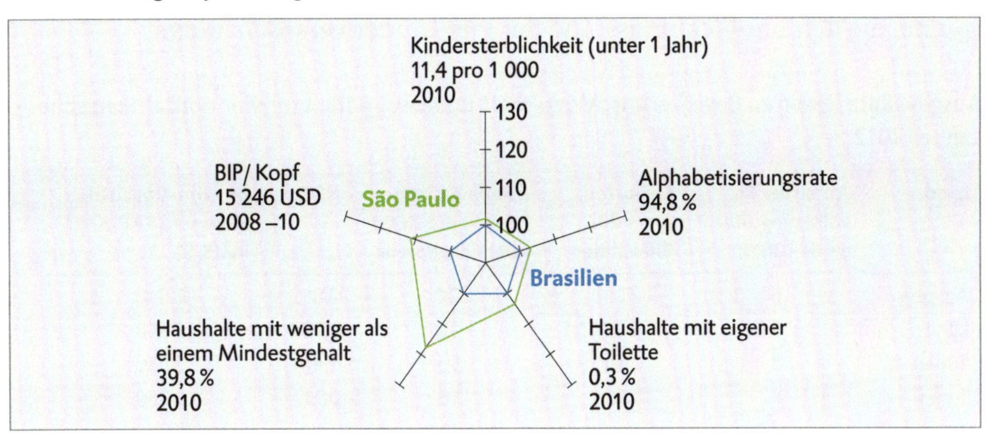

Quelle: © Urban Age (LSE Cities, London School of Economics)

36 Vergleichen Sie den Entwicklungsstand der drei südamerikanischen Staaten.

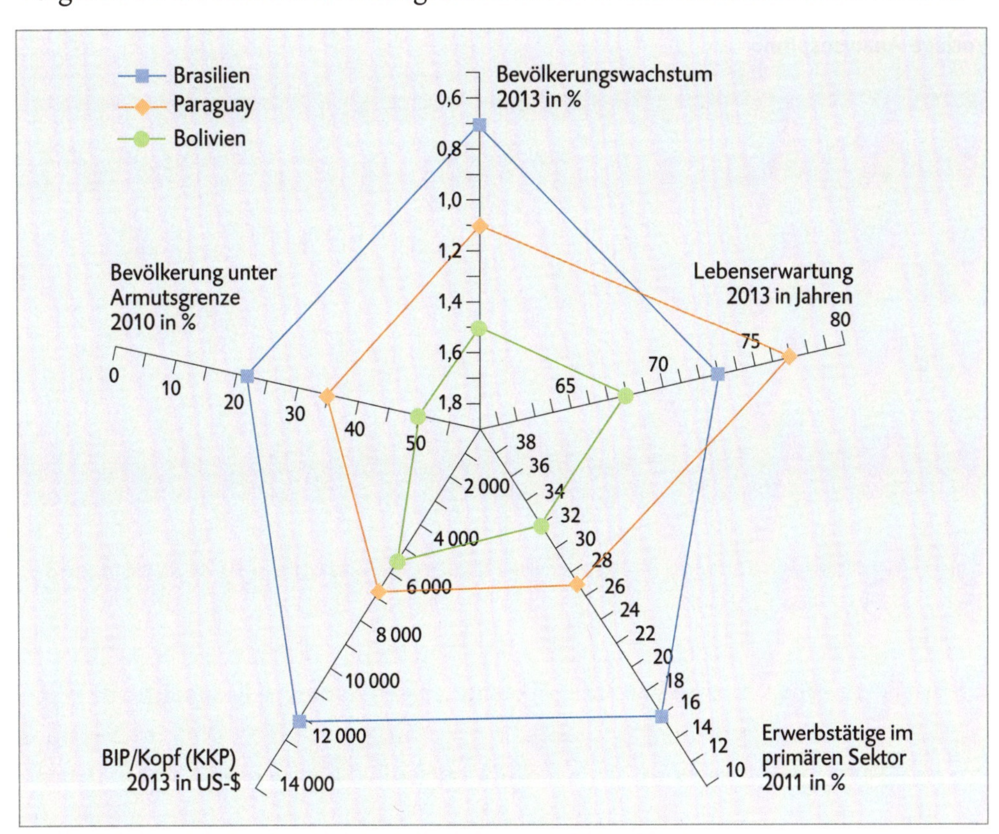

Quelle: eigene Darstellung nach Daten des CIA World Factbook 2014

Achten Sie auf die unterschiedliche Einteilung der Mittelachsen.

TIPP

37 Erstellen Sie mithilfe der Daten aus der Tabelle und der Vorlage eine Analysespinne, die den Entwicklungsstand der vier Länder veranschaulicht.

Ausgewählte Daten zu Bevölkerung, Wirtschaft und Gesundheit für vier nordafrikanische Länder 2012

Land	Anteil der Bevölkerung älter als 64 J. in %	Geburten pro 1 000 Einwohner	Säuglingssterblichkeit pro 1 000 Lebendgeborene	HDI	Bruttonationaleinkommen (KKP/Kopf in US-$)
Ägypten	6	25	24	0,662	6 640
Libyen	5	22	15	0,769	17 560
Sudan	3	34	56	0,414	2 030
Tunesien	7	19	16	0,712	9 360

Quelle: zusammengestellt nach Datenreport 2013 der Stiftung Weltbevölkerung und UN Human Development Report 2013

Überlegen Sie sich zuerst, wie Sie die Mittelachsen einteilen wollen.

Vorlage Analysespinne

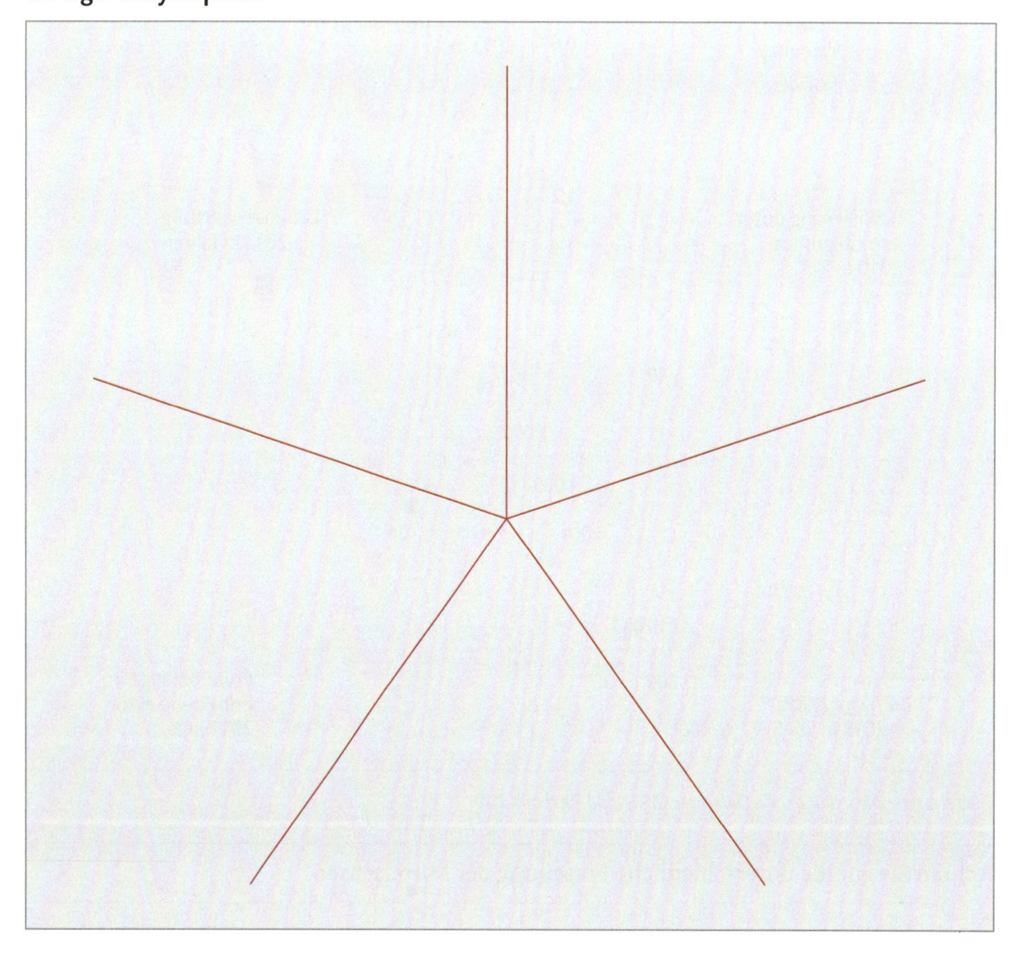

Test 3

1 Vergleichen Sie das Wachstum der Weltwirtschaft seit 1980 unter Berücksichtigung armer und reicher Staaten.

2 Überprüfen Sie, ob es einen Zusammenhang zwischen ausländischen Direktinvestitionen und wirtschaftlicher Entwicklung gibt.

Material 1

Wirtschaftswachstum in den Industrie- sowie Entwicklungs- und Schwellenländern 1980–2016

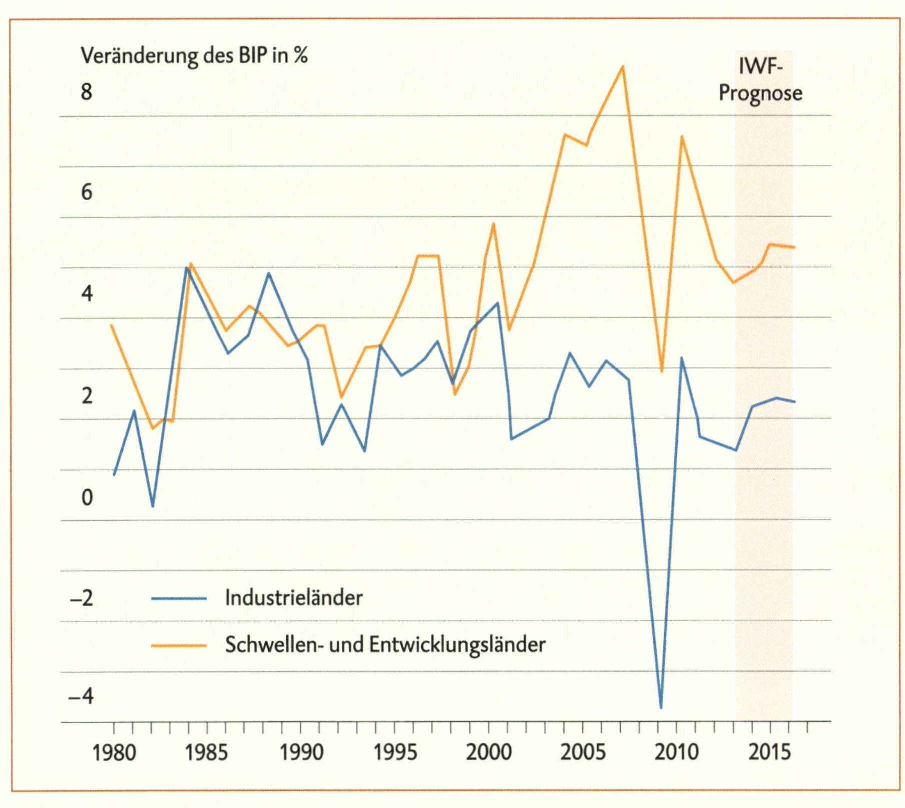

Quelle: nach Daten des IWF 2014

Material 2

Die reichsten und die ärmsten Staaten 2000–2013 (ohne Kleinstaaten):
Bruttonationaleinkommen je Einwohner in US-$

		2000	2005	2011	2013
reichste Staaten	Norwegen	35 860	62 760	88 590	102 610
	Schweiz	41 160	58 530	74 900	90 760
	Luxemburg	43 650	69 180	72 740	69 900
	Australien	21 150	30 280	50 110	65 390
	Schweden	29 490	42 920	52 990	61 760
	Dänemark	31 830	48 590	60 270	61 680
	USA	36 090	46 350	50 650	53 470
	Kanada	22 130	33 110	47 680	52 200
	Niederlande	26 580	39 880	49 230	51 060
ärmste Staaten	Eritrea	180	220	390	490
	Äthiopien	130	160	340	470
	Guinea	380	340	410	440
	Madagaskar	250	290	420	440
	D. R. Kongo	90	130	200	430
	Liberia	180	120	330	410
	Niger	170	250	370	400
	Malawi	150	220	340	270
	Burundi	130	130	220	260

Quelle: Weltbank 2015

Material 3

Ausländische Direktinvestitionen (Empfänger) 1995–2013

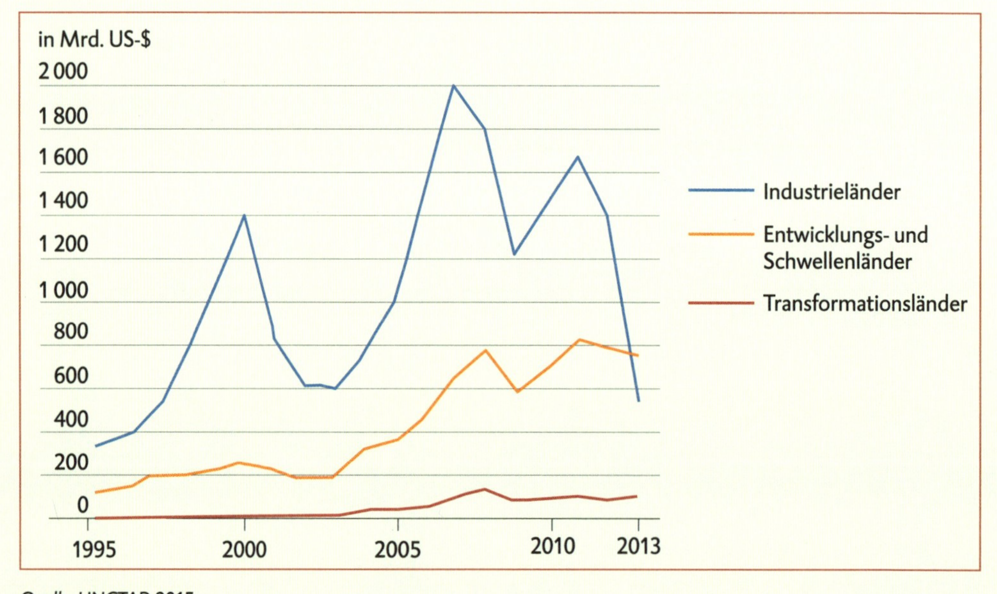

Quelle: UNCTAD 2015

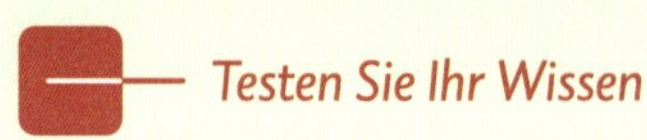

Abstrakte Darstellungen

1 Strukturdiagramme

1.1 Allgemeines

Strukturdiagramme (u. a. auch **Ablauf-, Fließdiagramm oder Wirkungsgefüge** genannt) sind schematische Darstellungen von Sachverhalten, die in bestimmten Beziehungen zueinander stehen. In diesen Diagrammen werden mithilfe von Stichwörtern bzw. Oberbegriffen und einfachen Pfeilsignaturen sowie ggf. weiteren Symbolen einfache oder wechselseitige Verhältnisse abgebildet. Zum einen soll so die innere Struktur eines komplexen Sachverhalts veranschaulicht werden. Zum anderen kann man die Logik der Abläufe, Verflechtungen, Rückkopplungen und Ursache-Wirkungsketten abbilden.

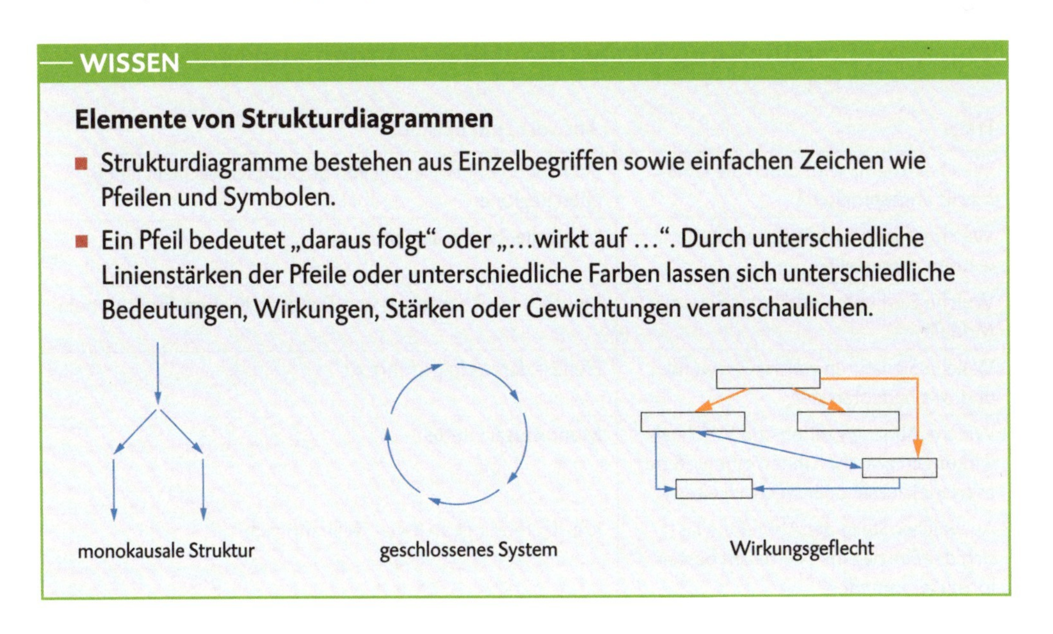

WISSEN

Elemente von Strukturdiagrammen

- Strukturdiagramme bestehen aus Einzelbegriffen sowie einfachen Zeichen wie Pfeilen und Symbolen.
- Ein Pfeil bedeutet „daraus folgt“ oder „...wirkt auf ...“. Durch unterschiedliche Linienstärken der Pfeile oder unterschiedliche Farben lassen sich unterschiedliche Bedeutungen, Wirkungen, Stärken oder Gewichtungen veranschaulichen.

1.2 Auswerten von Strukturdiagrammen

BEISPIEL

Entstehen sturkturschwacher ländlicher Räume

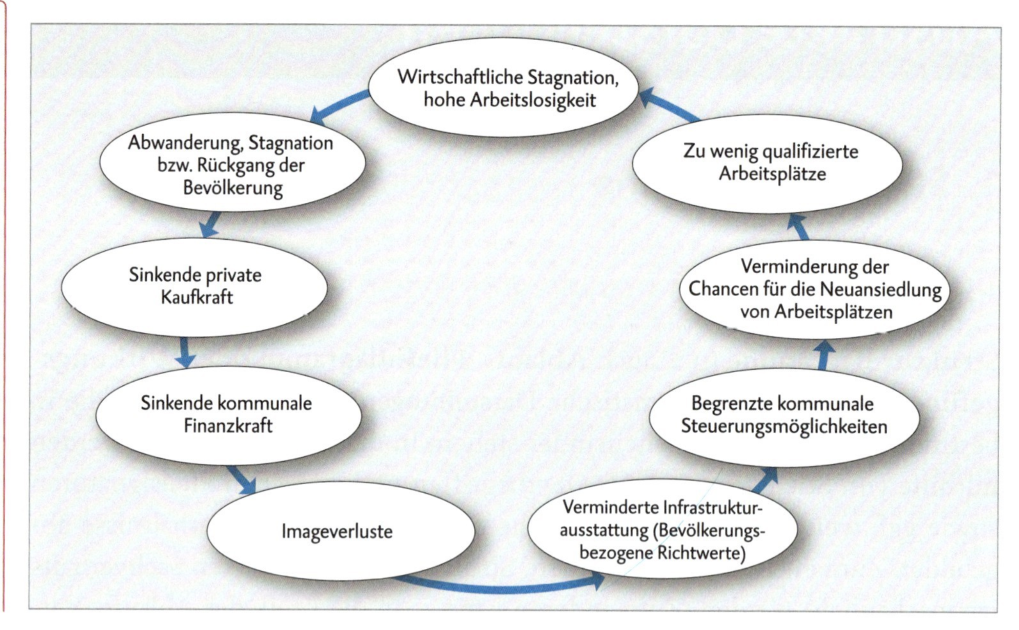

Quelle: nach Henkel, G.: Der ländliche Raum. Stuttgart: Bornträger, 4. Auflage 2004, S. 364

Fragen zur Erschließung von Strukturdiagrammen und Modellen

Frage	Antwort zum Beispiel
Welches Thema wird durch die Überschrift angesprochen?	Schrittweise Entwicklung von Strukturschwäche in ländlichen Regionen
Welcher Raum wird/welche Räume werden dargestellt?	Ländliche Räume allgemein
Welche Elemente enthält das Schema/ Modell?	Ringförmige Anordnung von Texten in Kreisen, Pfeilsymbole
Welche Signaturen werden verwendet und was bedeuten sie?	Pfeile = daraus folgt/führt zu
Welche Abhängigkeiten und Wechselwirkungen zwischen ihnen gibt es: Sind es monokausale oder wechselseitige?	Monokausale Kette
An welcher Stelle der Abbildung lässt sich der Einstieg ins Thema am besten formulieren/finden?	Kreislaufbedingt an jeder Stelle möglich
Enthält das Strukturdiagramm/das Modell eine Prognose?	Ja: zunehmende Strukturschwäche
Welche zentralen Aussagen lassen sich anhand des Strukturdiagramms/des Modells formulieren?	Einander bedingende negative Standortfaktoren schwächen ländliche Räume zunehmend
Handelt es sich um eine verlässliche Quelle?	Ja: Einzelveröffentlichung eines Wissenschaftlers

38 Erläutern Sie das Zusammenwirken der Teufelskreise der Armut.

Teufelskreis(e) der Armut

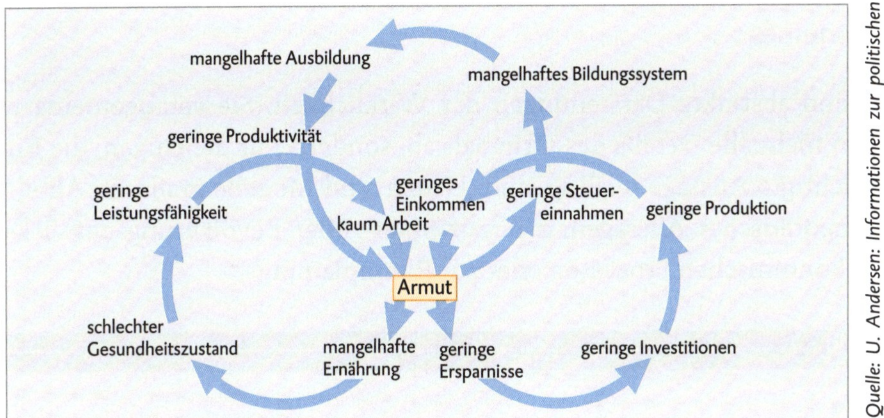

Quelle: U. Andersen: Informationen zur politischen Bildung, Heft 286, Entwicklung und Entwicklungspolitik, 2005, S. 18

Beginnen Sie bei Ihren Ausführungen jeweils in der Mitte des Wirkungsgefüges bei „Armut".

39 Erläutern Sie den Desertifikationsprozess.

Der Vorgang der Desertifikation

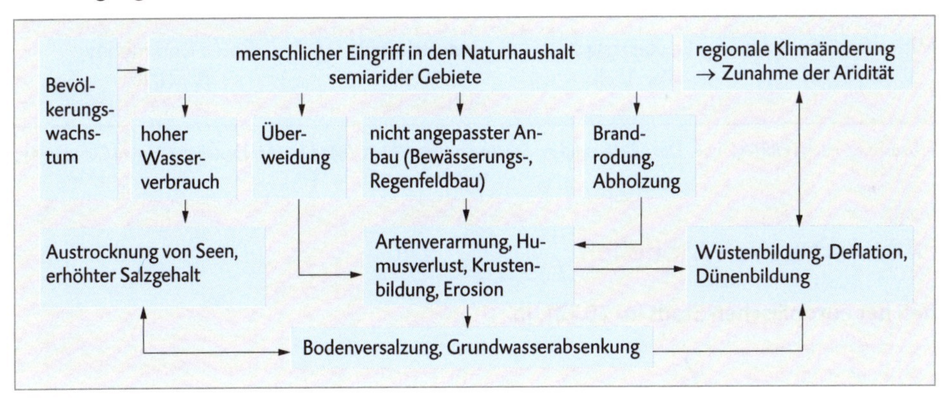

Finden Sie heraus, aus welcher Richtung die meisten Pfeile kommen, und verfolgen Sie diese Pfeile bis zu ihrem Ausgangspunkt. Beginnen Sie dort mit Ihrer Erläuterung.

40 Stellen Sie die positiven und negativen Aspekte des Massentourismus in einem Strukturdiagramm dar.

Beginnen Sie das Strukturdiagramm mit dem Oberbegriff „Ausbau der Infrastruktur" und zeigen Sie auf, was (alles) daraus folgt/folgen kann.

2 Modelle

2.1 Allgemeines

Modelle sind abstrakte Darstellungen der Wirklichkeit. Sie verallgemeinern und bilden nicht alle Details des Originals ab, sondern nur diejenigen, die für die beabsichtigte Aussage wichtig sind. Häufig sind Modelle grafische Abbildungen theoretischer Aussagen, z. B. zur Stadt- oder Bevölkerungsentwicklung, zu ökonomischen Prozessen oder zur Raumplanung.

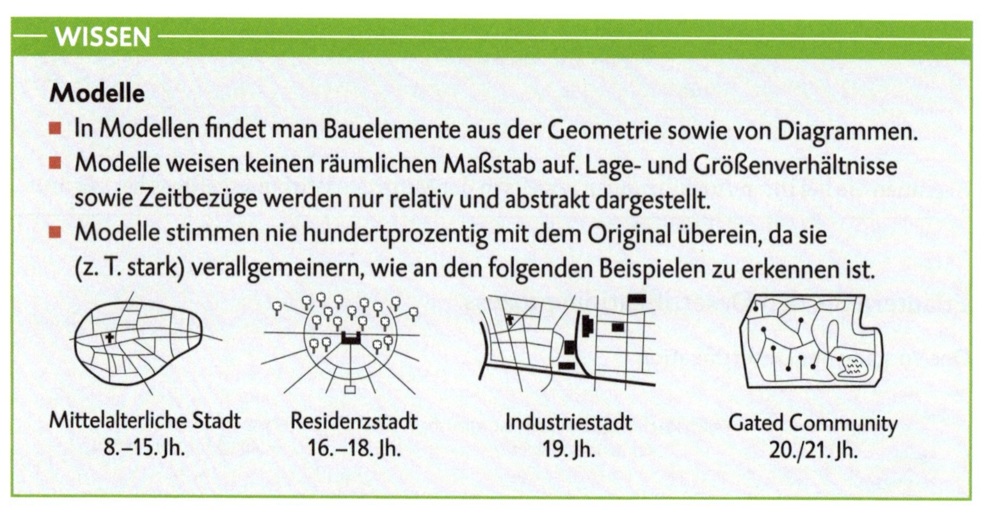

WISSEN

Modelle

- In Modellen findet man Bauelemente aus der Geometrie sowie von Diagrammen.
- Modelle weisen keinen räumlichen Maßstab auf. Lage- und Größenverhältnisse sowie Zeitbezüge werden nur relativ und abstrakt dargestellt.
- Modelle stimmen nie hundertprozentig mit dem Original überein, da sie (z. T. stark) verallgemeinern, wie an den folgenden Beispielen zu erkennen ist.

Quelle: bearbeitet nach TERRA global – Das Jahrtausend der Städte. Stuttgart: Klett Verlag, eigene Darstellung (Gated Community)

2.2 Auswerten von Modellen

BEISPIEL

Modell der europäischen Stadt im 20./21. Jh.

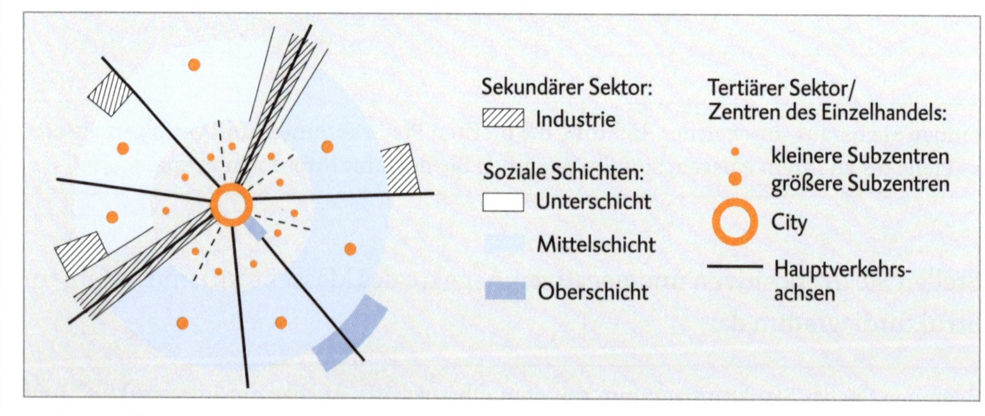

Quelle: Darstellung nach Stewig, R.: Die Stadt in Industrie- und Entwicklungsländern. Paderborn: Schöningh, 1983

- Beginnen Sie Ihre Auswertung, indem Sie die ersten fünf Fragen des Fragenkataloges von S. 64 beantworten. In unserem Beispiel sticht die **Kreisform** der Darstellung ins Auge, dazu eine recht **systematische Untergliederung**, die **konzentrische Kreise** sowie **Diagonalen** aufweist, dazu **Punktsymbole und Rechtecke**.
- Die **Legende** beinhaltet Hinweise zu **funktionalen** (z. B. Industriegebiete) und zu **sozialräumlichen Elementen** (z. B. Wohnviertel sozialer Schichten). Untergliedern Sie Ihre Ausführung nach diesen beiden Hauptgesichtspunkten und lokalisieren Sie diese wie im Modell angegeben in den **städtischen Teilräumen**.
- Benutzen Sie für Ihre Auswertung das Unterrichtswissen, das Sie bei der Behandlung städtischer Räume anderer Kulturräume bereits erworben haben, und versuchen Sie, dieses auf die europäische Stadt zu übertragen.
- Machen Sie abschließend deutlich, inwiefern das Modell der europäischen Stadt **typische Eigenarten** oder aber **Übereinstimmungen mit anderen Modellen** aufweist.

41 Erläutern Sie den Vorgang der Gentrifizierung in Großstädten.

Modell des Gentrifizierungsprozesses

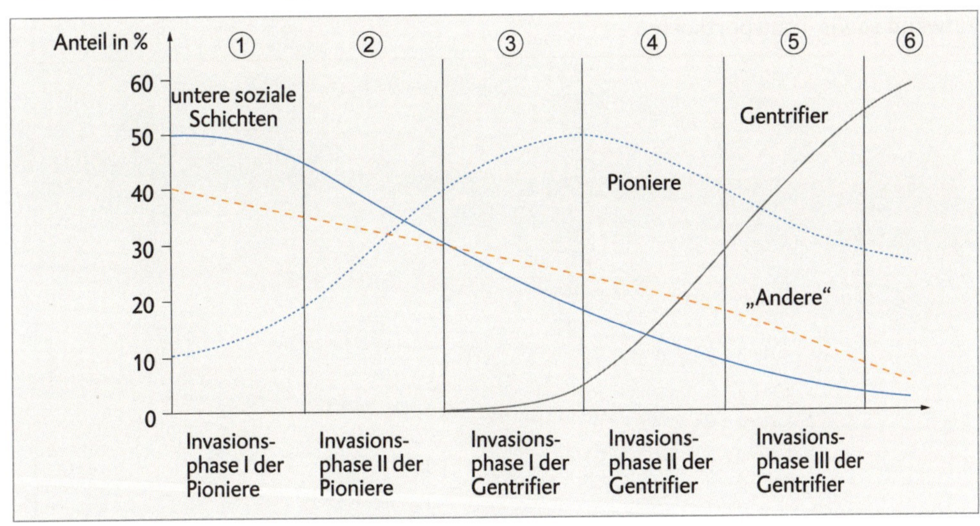

Quelle: nach Dangschat, J. in Gentrification: die Aufwertung innenstadtnaher Wohnviertel, 1990

Definieren Sie zunächst die Schlüsselbegriffe aus dem Modell.

42 Kennzeichnen Sie die Grundidee des Hub-and-Spoke-Systems, indem Sie die Unterschiede zum Point-to-Point-Verfahren aufzeigen.

Entwicklung im Bereich Logistik und Transport

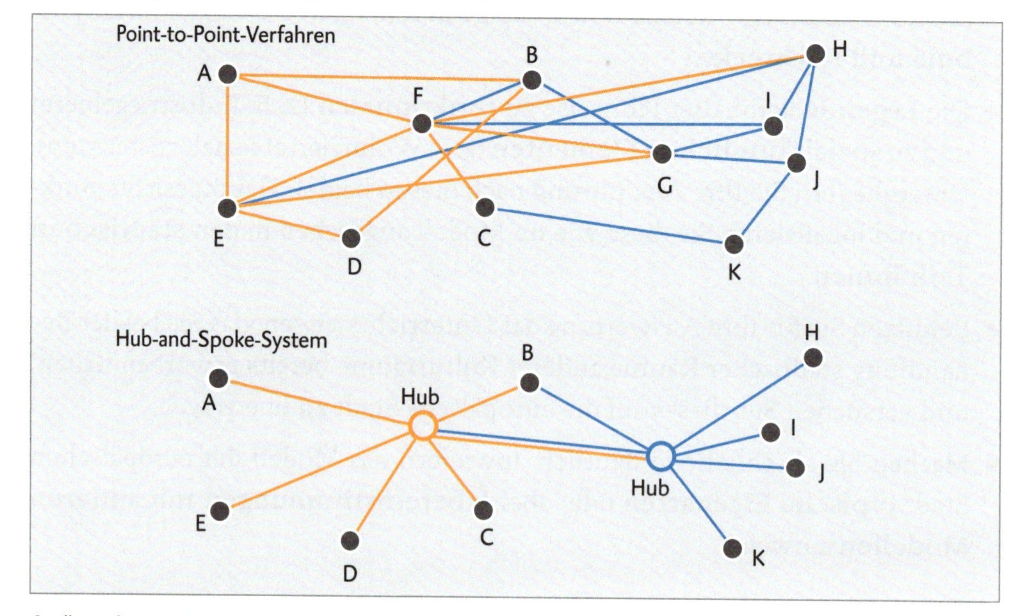

Quelle: nach Jean Paul Rodrigue, https://people.hofstra.edu/geotrans/eng/ch3en/conc3en/hubspokederegulation.html

Betrachten Sie das Hub-and-Spoke-System unter den Aspekten Zeit- und Organisationsaufwand sowie Transportkosten.

Test 4

1 Erläutern Sie anhand des Modells (Material 1) die vier Phasen der Entwicklung einer Stadtregion.

2 Fertigen Sie zur zweiten Phase ein Strukturdiagramm an.

Material 1

Phasen der Bevölkerungsentwicklung einer Stadtregion

1. **Urbanisierung**
   Die Stadt wächst auf Kosten des Umlandes.

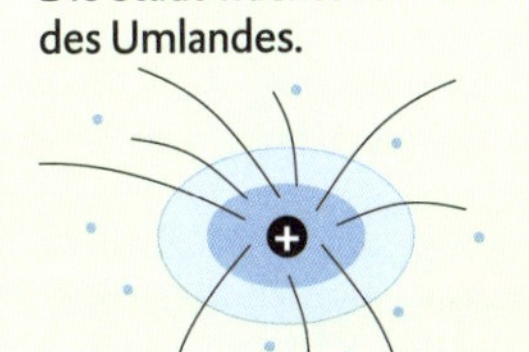

2. **Suburbanisierung**
   Das Umland wächst auf Kosten des Zentrums.

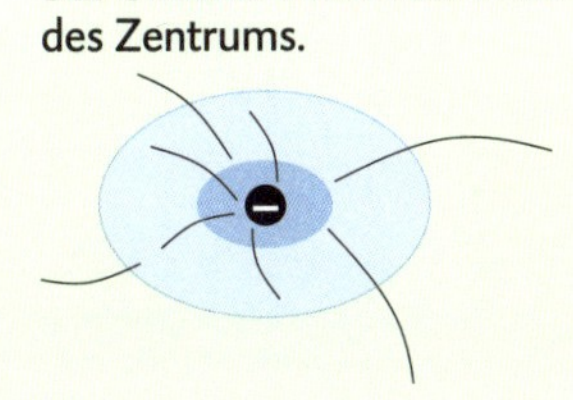

3. **Desurbanisierung**
   Das Hinterland wächst auf Kosten des Ballungsraums (Exurbia).

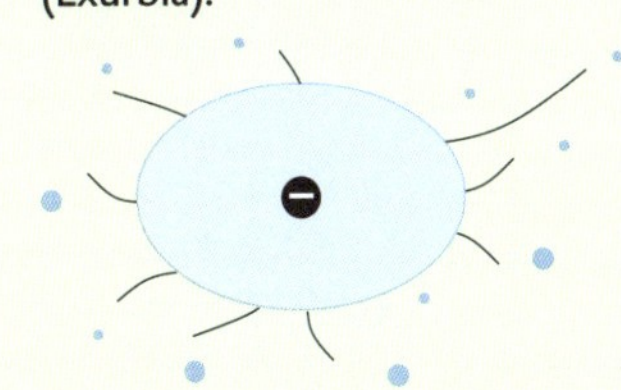

4. **Reurbanisierung**
   Der Ballungsraum wächst durch Integration des Hinterlandes und das Zentrum durch Stadterneuerungsmaßnahmen (Gentrifizierung).

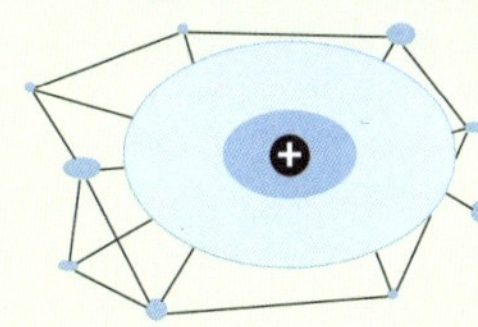

Texte und Karikaturen

1 Texte

1.1 Allgemeines

Texte mit geographischen Inhalten kommen häufig in Klausuren und Abituraufgaben vor. Hierbei kann es sich um Texte aus Fachzeitungen, Zeitungen, Broschüren usw. handeln, z. B. **Informationstexte, Kommentare, Reiseberichte, Reportagen, Interviews** oder **Werbetexte**. Neben rein geographischen können auch andere Inhalte enthalten sein, sodass die Aufgabe häufig darin besteht, die für das jeweilige Thema relevanten Textaussagen „herauszufiltern". Je nach Textsorte können Texte sehr sachlich sein, erkennbar z. B. anhand einer präzisen Fachsprache oder von Zitaten; es kann sich aber auch um subjektiv gefärbte Texte handeln, worauf z. B. eine metaphorische oder ironische Ausdrucksweise hindeutet.

1.2 Auswerten von Texten

BEISPIEL

Die Wiederbelebung von König Zucker

1 […] Die Zahl der Zuckerfabriken [in Kuba, Ergänzung durch den Verfasser] schrumpfte seit 2002 von 156 um über 100. Das sei eine richtige Entscheidung gewesen, urteil- 5 te die in London ansässige internationale Zuckerorganisation, jedoch mit traumatischen Konsequenzen. Die Zuckerpreise auf dem Weltmarkt pendelten ohne Aussicht auf Erholung um die sechs Cent pro Pfund, 10 womit Kuba nicht einmal die Selbstkosten decken konnte. Mit Ernteergebnissen von über vier Millionen Tonnen hätte Kuba die Weltmarktpreise zum eigenen Schaden gedrückt. Zudem waren die meisten Fabriken 15 uralt und unrentabel. Jedoch: Zucker gehört noch immer zur nationalen Identität. Er ist untrennbarer Bestandteil der Geschichte und der Kultur. Zigtausende Arbeiter und Techniker mussten unter Schwierigkeiten 20 umgeschult oder anderweitig beschäftigt werden. Dass Kuba zeitweise Zucker importieren musste, um seinen Exportverpflichtungen nachzukommen, war bis Ende der 1990er-Jahre unvorstellbar.

25 2010 wurde dann die „Wiederbelebung" eingeleitet. Doch erst einmal gab es den bittersten Einbruch aller Zeiten. Die Ernte brachte nur wenig über eine Million Tonnen.

Der Minister musste gehen, das Zuckerministerium wurde zu Grabe getragen. Es war eine notwendige Erfindung der Revolution, um alle Zuckerfabriken und Plantagen der Großgrundbesitzer, die verstaatlicht worden waren, unter einen Hut zu bringen. Inzwischen hatte es sich überlebt, war nicht flexibel und dynamisch. Es entstand AZCUBA (staatliches Zuckerunternehmen), mit eigenem Budget bis zu einem gewissen Grad autonom und verantwortlich für alles, was mit Zucker und seinen Derivaten zu tun hat. 65 Prozent der Einkünfte können nun in Investitionen gesteckt werden. 2014 will man 2,4 Millionen Tonnen Zucker einfahren. […]

Quelle: Burghardt, L.: Die Wiederbelebung von König Zucker, Neues Deutschland, 10.12.2012; http://www.ag-friedensforschung.de/regionen/Kuba/zucker3.html

Die folgende Liste können Sie generell für das Auswerten von Texten verwenden.

Fragen zum Auswerten eines Textes	Antworten zum Beispieltext
Welches Thema wird in der **Überschrift** angesprochen? Welches Ziel verfolgt der Autor mit dem Text?	Krise und Neuentwicklung der Zuckerindustrie Information über die Revitalisierung der für Kuba wichtigen Zuckerindustrie
Gibt es in der Überschrift oder in der Quellenangabe Hinweise auf den **Bezugsraum**?	In der Quellenangabe/im Internetlink = Kuba
Um welche **Quelle** handelt es sich? Als wie verlässlich ist sie einzuschätzen?	Vor allem in den neuen Bundesländern bekannte Zeitung Neues Deutschland = verlässliche Informationen
Aus welchem **Jahr** stammt der Text? Gilt die Aussage heute noch?	2012 Seitdem fanden bzw. finden grundsätzliche ökonomische Veränderungen in Kuba statt, die evtl. auch die Zuckerindustrie betreffen können
Gibt es Zwischenüberschriften, die bei der Untergliederung helfen können? In welche **Abschnitte** lässt sich der Text untergliedern?	Nein – Berechtigte Schließung alter Zuckerfabriken nach 2002 (Z. 1–15) – Zucker als Element nationaler Identität (Z. 15–24) – Notwendige Reformen im Zuge des Wiederaufbaus der Zuckerindustrie nach 2010 (Z. 25–43)
Welche Fachbegriffe und/oder Signalwörter weist der Text auf?	– internationale Zucker-Organisation – Weltmarktpreis – Exportverpflichtungen – Großgrundbesitzer – AZCUBA – Investitionen – nationale Identität – Revolution – verstaatlicht – (Zucker-)Derivate
Welche **Sprache**, welche **Wortwahl** wird verwendet? Sagt dies etwas über die Gültigkeit der Aussage aus?	Einerseits umgangssprachliche Elemente (Wiederbelebung, König Zucker, zu Grabe tragen), andererseits Fachbegriffe (s. o.) Überwiegen der Fachbegriffe legt Gültigkeit der Aussage nahe

Fragen zum Auswerten eines Textes	Antworten zum Beispieltext
Handelt es sich um einen **Sachtext** oder gibt es **subjektive Textelemente** wie z. B. Metaphern oder ironische Passagen?	Von beidem etwas (s. o.)
Erweckt der Text den Eindruck von Wissenschaftlichkeit, z. B. durch statistische Angaben oder Zitate?	Ja: Fabrikanzahl vorher – nachher, Re-Investitionssumme, Erntesumme und -prognose
Äußert der Verfasser **Thesen oder Theorien**? Wenn ja, liefert er dafür stimmige **Argumente und Beweise**?	Ja: Erneuerung der Zuckerindustrie auf Kuba im Rahmen neuer Organisationsform Eher Ankündigungen als Beweise
In welchen **größeren thematischen Zusammenhang** lässt sich der Text einordnen?	Entwicklungsländer, Marktwirtschaft, Welthandel, Terms of Trade, Modernisierung
Was lässt sich als **Hauptaussage des Textes** formulieren?	Kuba hat nach 2010 notwendige Strukturreformen durchgeführt und verfolgt geänderte ökonomische Strategien (Reinvestitionen u. a.), um seine ehemals dominierende Zuckerindustrie wieder wettbewerbsfähig zu machen

WISSEN

Zitiertechnik

Beim Zitieren geben Sie Aussagen anderer wortwörtlich wieder.

- Nennen Sie **Verfasser**, **Quelle**, **Erscheinungsort** und **Erscheinungsjahr**.
- Kennzeichnen Sie Anfang und Ende eines Zitats durch **Anführungszeichen**.
- Falls Sie nur Teile einer Textstelle übernehmen, müssen Sie die ausgelassenen Abschnitte jeweils durch **eckige Klammern** […] markieren.
- Hervorhebungen und zusätzliche Erläuterungen müssen Sie ebenfalls kenntlich machen, z. B. durch **Einschübe** wie [Hervorhebung durch den Verfasser].
- Benutzen Sie bei der sinngemäßen Wiedergabe unbedingt den **Konjunktiv**, um fremde Aussagen von Ihren eigenen abzugrenzen.

43 Erläutern Sie Hintergründe und Stand des Strukturwandels in der US-amerikanischen Stadt Detroit.

Auferstanden aus Ruinen

[…] Ausgerechnet die Stadt, die wie keine zweite für den Aufstieg der Industriegesellschaft und ihren Niedergang steht, die von einst 1,8 Millionen Einwohnern auf weniger als 700 000 schrumpfte, feiert ein Comeback? […]

Im Jahr 2000 arbeiteten noch 400 000 Menschen im Großraum Detroit in der Industrie, zehn Jahre später waren es nicht einmal mehr 200 000. Auch wenn es den drei Autokonzernen General Motors, Ford und Chrysler inzwischen wieder besser geht, die alten Beschäftigungsniveaus werden in absehbarer Zeit nicht zurückkommen. Dass sich die Renaissance Detroits langsamer vollziehen könnte als der Niedergang, ist für viele Einwohner eine bittere Erkenntnis. […] Jede Firma, die sich in Detroit ansiedle, sei ein Fortschritt. Menschen, die Arbeit hätten, würden Steuern zahlen und die Kaufkraft stärken. So gehe es langsam, aber stetig aufwärts.

[…] Natürlich gibt es Straßenzüge in Detroit, in denen sich ein verlassenes oder niedergebranntes Haus an das nächste reiht. Manche davon hat die Stadt verloren gegeben. Fast jedes zweite der rund 80 000 leer stehenden Häuser soll deshalb in den nächsten Jahren abgerissen werden. Dort aber, wo ein paar verlassenen Häuser zwischen vielen bewohnten stehen, stabilisiert das clevere Makler-Duo Aexander und Clore[1] mit seinem „Kaufen, renovieren, vermieten"-Geschäft die Lage. Zumal seine Mieter das Viertel aufwerten. „Mittlerweile bekommt nur noch ein Drittel unserer Kunden staatliche Hilfe, zwei Drittel arbeiten […].

Inzwischen fragen sogar Privatinvestoren aus Europa bei uns an." […]

Wenn es Alexander und Clore gelingt, mit ihrem nächsten Projekt die Zuversicht aus dem Zentrum Detroits endgültig in die Außenbezirke zu tragen, dürfte auch der Traum von Matt Cullen[2] in Erfüllung gehen. Für seine Stadt wünscht sich der Manager nichts weniger als ein großes Zurück in die Zukunft: „Ich hoffe, dass weite Teile Detroits in zehn Jahren wieder so pulsierend sind wie vor 50 Jahren."

1 Alexander und Clore: Immobilien-Makler, die alte Häuser aufkaufen, diese renovieren und sie anschließend mit gutem Gewinn vermieten

2 Matt Cullen: Manager und Chef des Konzerns Rock Ventures. Der Konzerneigentümer, der Milliardär Dan Gilbert, hat in den vergangenen Jahren 1,6 Mrd. US-$ im Zentrum Detroits investiert

Quelle: Sven Böll in: Der Spiegel 4/2015

- Achten Sie auf die Hinweise, die Sie bereits in der Überschrift finden.
- Unterstreichen Sie die Informationen zu den Hintergründen z. B. mit gelbem Marker, die zum Stand des Strukturwandels z. B. mit grünem Marker.

2 Karikaturen

2.1 Allgemeines

Karikaturen sind **bildlicher Ausdruck** einer **kritischen Haltung** des Karikaturisten zu einem geographischen, sozialen, gesamtgesellschaftlichen oder politischen Thema. Sie **übertreiben** und wollen provozieren, indem **ein Problem** überzeichnet und in ironischer, sarkastischer oder polemischer Absicht zugespitzt dargestellt wird. Hauptelemente einer Karikatur sind **bildhafte Elemente**, häufig ergänzt durch kurze sprachliche Elemente wie Sprechblasen-Texte, Logos oder Signalwörter.

2.2 Auswerten von Karikaturen

BEISPIEL

http://urbansprawling.blogspot.de

Die Aussage einer Karikatur erschließen Sie am besten schrittweise:

- Wer ist der Zeichner der Karikatur? Wo und wann wurde sie veröffentlicht?
- Welches Problem wird dargestellt?
- Welche Informationen enthalten Überschrift und sprachliche Elemente?
- Welche auffälligen Bildelemente gibt es? Befinden sich darunter auch symbolhafte? Wenn ja: Wie müssen Sie diese „übersetzen", d. h. wofür stehen sie stellvertretend?
- Wessen Partei ergreift der Karikaturist? Wen greift er mit seiner Darstellung an?
- Was ist sein Ziel? Möchte er etwas verändern, verhindern oder ermöglichen?
- Welche Emotionen löst die Karikatur beim Betrachter aus?

Vertiefen Sie Ihr Wissen

Element	Aussage
Schild mit geänderten Entfernungsangaben zur benachbarten Metropole	Unaufhaltsame flächenmäßige Ausdehnung der Metropole
Untertitel „We're waiting …"	Passive Haltung der Suburb-Bewohner zum bevorstehenden Verschlungen-Werden durch die „City"
„Home sweet home" + Sonne	Ideal vom „Wohnen im Grünen"
Fast schematisch dargestellte Menschen	Unbedeutend vor dem Hintergrund des Molochs Riesenstadt
Hochhaus-Silhouette mit Baukränen, Wolken und Flugzeugverkehr	Dynamik des Städtewachstums, anhaltende Bautätigkeit, Großstadtgetriebe
Widerspruch „waiting" : Lebensideal	Machtloses Erwarten statt positives Erhoffen

Aussageabsicht

- Kritik an planlosem Städtewachstum ohne Rücksicht auf Menschen und Natur
- Ohnmacht des Einzelnen gegenüber Planungsbehörden, Stadtbauämtern, Großunternehmern
- Entindividualisierungsprozess im Rahmen von Megastadtentwicklungen
- Hoffnung, den Prozess stoppen helfen zu können: Der Karikaturist verfolgt dieses Ziel, indem er Betroffenheit, Einsicht und ggf. Motivation weckt, sich zur Wehr zu setzen

44 Erläutern Sie die Aussage der Karikatur zum Thema „Entwicklungshilfe".

Entwicklungshilfe

Quelle: http://cluster010.ovh.net/~weltlade/1_laden/index.php?option=com_content&view=article&id=76 &Itemid=67; zuletzt abgerufen am 4. 11. 2013, Karikaturist unbekannt

TIPP

Ordnen Sie jedem Element – sprachlich und nonverbal – eine Aussage zu und interpretieren Sie diese. Nutzen Sie auch die Fragen auf S. 75.

00:45 MIN

Test 5

1 Zeigen Sie die Folgen einer Erderwärmung für Meeresanrainerstaaten am Beispiel der Sundarbans auf.

2 Erläutern Sie die Aussage(n) das Karikaturisten zum Thema „Erderwärmung“.

Material 1

Hier bringt das Meer 13 Millionen Menschen in Gefahr

Es sind Millionen Menschen, die in einer Region leben, die sich Sundarbans[1] nennt. Der Meeresspiegel steigt dort enorm schnell. Es droht die größte Massenflucht in der Geschichte der Menschheit.

Die kleine, aus Lehm gebaute Hütte am Meer ist gerade groß genug, damit sich Bokul Mondol und seine Familie dort zum Schlafen hinlegen können. Es ist bereits die fünfte Hütte, die sie in den vergangenen Jahren gebaut haben. [...] Das Wasser hat ihnen alles andere genommen – und eines Tages wird es sich auch noch diese Hütte nehmen. „Jedes Jahr müssen wir ein bisschen weiter ins Landesinnere ziehen“, sagt er. [...]

Der Meeresspiegel steigt in der Region etwa doppelt so schnell wie im weltweiten Durchschnitt. Zehntausende sind bereits obdachlos geworden. Nach Einschätzung von Wissenschaftlern könnte der größte Teil der Sundarbans in 15 bis 25 Jahren überflutet sein. Auf die drohende Massenflucht ist man jedoch weder in Indien noch in Bangladesch vorbereitet. [...] Im Schnitt steigt der Meeresspiegel derzeit um drei Millimeter pro Jahr, wobei viele Wissenschaftler davon ausgehen, dass sich das Tempo erhöhen wird. Die letzten Berechnungen gehen davon aus, dass der Meeresspiegel in diesem Jahrhundert um einen Meter steigen könnte.

Das wäre schon schlimm genug für die Sundarbans, wo der höchste Punkt etwa drei Meter über dem Meeresspiegel liegt. Doch die Situation dort ist noch dramatischer, weil Faktoren wie Wind, Meeresströmung, tektonische Besonderheiten und die Erdanziehung dazu beitragen, dass das Wasser dort mindestens doppelt so schnell ansteigt wie im Durchschnitt. [...]

„Wir haben 15 Jahre“, sagt Jayanta Bandopadhyay, Ingenieur und Profesor an der Jawaharlal-Nehru-Universität in Neu Delhi, der sich seit Jahren mit der Region beschäftigt. „Das ist der grobe Zeitrahmen, den ich uns gebe, bis der Meeresspiegel so weit gestiegen ist, dass es sehr schwierig wird und der Druck für die Bevölkerung nicht mehr zu kontrollieren ist.“ [...]

1 Sundarbans: Deltagebiet von Ganges, Brahmaputra und Meghna in Bangladesch (6 000 km^2) und dem indischen Westbengalen (4 000 km^2), größte Mangrovenwälder der Erde

Quelle: AP/coh 19.02.2015

Material 2

Karikatur zur Klimakonferenz 2009 in Kopenhagen

Quelle: Gerhard Mester

Lösungen

Karten und Profile

1

- Thema: ökologischer Landbau
- Raum: Europäische Union
- Legende: zeigt ökologische Bewirtschaftung der Landwirtschaftsfläche in den einzelnen EU-Staaten in Prozent, angegeben in vier Stufen, für das Jahr 2012
- Zentrale Aussagen: in mehr als der Hälfte der Staaten liegt der Anteil des Ökolandbaus an der gesamten Landwirtschaftsfläche unter 10 %, in zwei Staaten über 15,5 %
- Großräume: relativ hoher Anteil des Ökolandbaus in den nordischen und baltischen Staaten sowie in Tschechien, Österreich und Griechenland; relativ niedriger Anteil v. a. in West- und Osteuropa
- (Aktuelle) Entwicklungen: nicht ablesbar

2

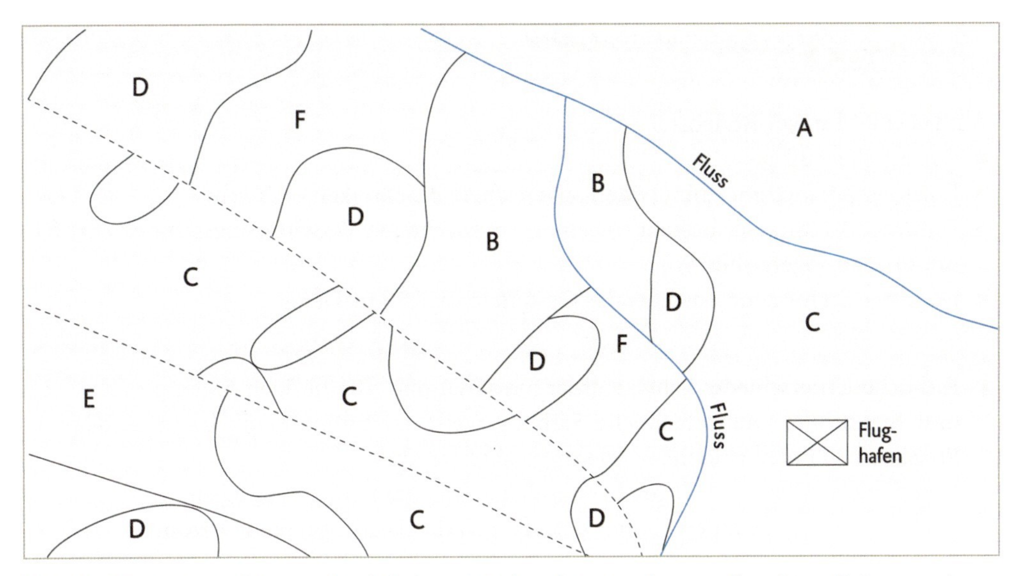

A Wald; **B** Park mit Golfplatz und Jachthafen; **C** Wohngebiet (mittleres und niedriges Einkommen); **D** Wohngebiet (Oberschicht); **E** Industrie und Handel; **F** Brachfläche; --- Eisenbahn

3

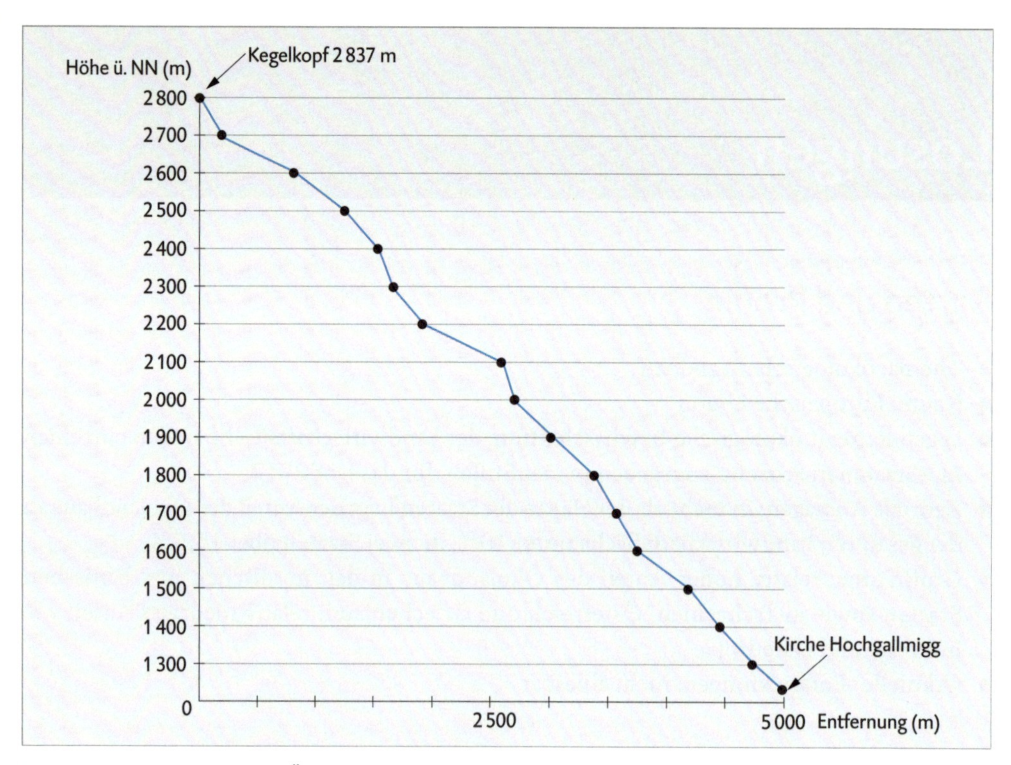

Profil von der Kirche Hochgallmigg/Österreich zum Kegelkopf

4

Aufbau eines Latosol-Bodens:

- Organische Auflage
- Darunter A-Horizont: mit Oxiden angereichert, Mächtigkeit ca. 50 cm
- Darunter B-Horizont: besteht aus einer 7 m mächtigen Verwitterungsschicht, ebenfalls mit Oxiden angereichert
- Darunter C-Horizont: anstehendes Gestein in ca. 7,50 m Tiefe

5

- Farbliche Unterschiede: Schwarzerde: nur Grautöne, alle übrigen Bodenprofile: Grau- und Brauntöne; unterschiedliche Färbung weist auf unterschiedliche bodenbildende Prozesse und unterschiedliche Ausgangssubstrate hin
- Deutliche Strukturänderungen bei Rendzina, Parabraunerde und Podsol
- A-Horizont: ist durch den Humus dunkler gefärbt als die unteren Horizonte
- B-Horizont: ausgeprägt bei Braunerde, Parabraunerde und Podsol
- C-Horizont/Ausgangsgestein: bei Rendzina gut erkennbar
- Mächtigkeit der Bodenhorizonte:
  - Rendzina: A-Horizont ca. 10–15 cm, B-Horizont nicht vorhanden (A-C-Profil)
  - Schwarzerde: A-Horizont ca. 140 cm, B-Horizont nicht vorhanden (A-C-Profil)
  - Braunerde: A-Horizont ca. 35 cm, B-Horizont ca. 60 cm
  - Parabraunerde: A-Horizont ca. 20 cm, B-Horizont ca. 90 cm
  - Podsol: A-Horizont ca. 40 cm, B-Horizont ca. 30 cm

6

- Thema: Mächtigkeit der Erdkruste
- Untersuchter Raum: globaler Querschnitt entlang des Breitengrades 40 °N
- Unterschiede der Erdkruste:
  - Unter Ozeanen (= ozeanische Kruste) relativ dünn (bis maximal 20 km Tiefe) mit ungefähr gleicher Mächtigkeit der Granit- und Basaltschichten
  - Unter Kontinenten (= kontinentale Kruste) Basaltschichten meist mächtiger als Granitschichten
- Erdkruste reicht unter Tienschan-Gebirge bis 85 km Tiefe

7

- Raumbezug: West-Ost-Profil durch Zentralindien
- Umrandung des Hochlands von Dekkan durch die Gebirgszüge Westghats und Ostghats mit maximal 1 500 m ü. NN in der Profillinie
- Vorherrschendes Monsunklima im Westen (sommerfeucht, wintertrocken) und im zentralen Hochland; im Osten durch Nordost-Monsun auch im Winter feucht
- Hohe Niederschlagsmengen (über 2 000 mm) an den Küsten (Steigungsregen), geringere (700 – 1 100 m) im Hochland (Leelage)
- Landwirtschaftliche Produkte im Westen und Osten dem tropischen Klima mit hohen Temperaturen und Niederschlägen angepasst: Anbau tropischer, wasserliebender Produkte, z. B. Kokospalmen, Reis
- Im zentralen Hochland Anbau von Agrarprodukten, die mit weniger Niederschlägen auskommen, z. B. Getreide, Hülsenfrüchte; hier auch Speicherung der Niederschläge zur Bewässerung (z. B. Tankbewässerung) notwendig

Test 1

1

- Lage des Profilausschnitts: Westen der USA
- An der Küste Mittelmeerklima mit 300–500 mm Niederschlag, der als Steigungsregen an der Küstenkette fällt (Westwinde sorgen für Zufuhr feuchter Luftmassen vom Pazifik)
- Kalifornisches Längstal im Regenschatten der Küstenkette; Niederschläge auf 250 mm/Jahr abfallend
- Steigungsregen am westlichen Abhang der Sierra Nevada (1 100 mm/Jahr)
- Großes Becken: Trockenheit aufgrund der Lage im Regenschatten der Sierra Nevada (Beckenklima); regenbringende Winde fehlen (vorherrschende Windrichtung: SO)
- Von West nach Ost Wasatch-Kette und Rocky Mountains mit eingebettetem Colorado-Plateau: leichter Niederschlagsanstieg im Luv der Wasatch-Kette und der Rocky Mountains auf max. 400 mm, aber Verhinderung hoher Niederschlagsmengen durch die Lage östlich der Sierra Nevada
- Great Plains: trockenes Kontinentalklima, regenbringende Winde fehlen (vorherrschende Windrichtung: S)

2

- Im Nordosten Kaliforniens geringe Niederschläge (< 500 mm/Jahr), nur eingeschränkte Agrarproduktion möglich
- Im Küstenbereich Kaliforniens zwar prinzipiell ausreichend Niederschläge (> 500 mm/Jahr), aber eingeschränkte landwirtschaftliche Nutzung aufgrund des steilen Reliefs
- Im nördlichen, gebirgigen Kalifornien hohe Niederschlagsmengen, sodass durch Abfluss auch im kalifornischen Längstal nördlich von Sacramento Oberflächenwasser für die Landwirtschaft zur Verfügung steht
- Generell: Je weiter man nach Süden kommt, desto trockener → Zunahme künstlicher Bewässerung
- Landwirtschaft im südlichen Teil Kaliforniens aufgrund geringer Niederschläge und hoher Verdunstung nur durch Bewässerung möglich
- Hanglagen an den Rändern des Kalifornischen Längstals → für Landwirtschaft nur bedingt geeignet
- Im Landesinneren des südlichen Kalifornien zunehmende, z. T. extreme Trockenheit → höchstens für extensive Viehwirtschaft geeignet

Bilder

8

A Mit Vegetation bedeckte Hanglage; **B** Siedlungsbereich im Geländeeinschnitt: **B1** Marginalviertel/ Favela; **B2** City mit CBD; **C** Meer mit Inseln und Strandlinie

9

- Dargestellter Raum: Landschaftsausschnitt am Cypress Mountain, in den Bergen oberhalb von Vancouver (Kanada) gelegener Abschnitt der Küstenkette
- Mögliches Vorwissen: Wintersportgebiet; eine Austragungsstätte der Olympischen Winterspiele 2010
- Gliederung:

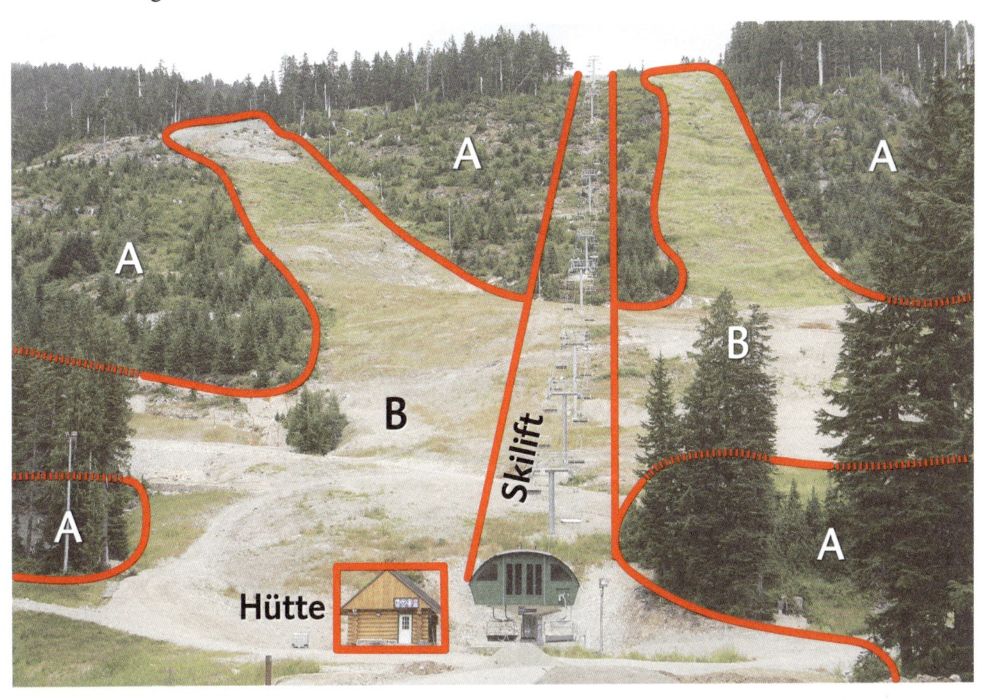

A natürliche Raumeinheit: Waldgebiet; **B** anthropogene Raumeinheit: Skipiste mit Skilift, Hütte und Bodenliftstation

- Ökonomische Interessen: Naherholungs- und Fremdenverkehrsangebot in der Nähe von Vancouver, da bis in das Frühjahr Möglichkeit für Wintersport
- Ökologische Probleme: Eingriffe in die Natur – Verlust von zusammenhängenden Waldflächen; Bodenerosion; Störung des Wasserhaushalts

10

- Thema der Fotoserie: Veränderungen in Magdeburg-Neu Olvenstedt; Darstellung von Rückbau- und Abrissmaßnahmen im Rahmen des Stadtumbaus Ost
- Oberes Foto – vor dem Abriss: fünfgeschossige, geschlossene, dichte Blockbauweise („Plattenbauten"), nach außen abgegrenzt durch Rasenflächen
- Mittleres Foto – während des Abrisses: Abbruch zahlreicher Wohnblocks; das Gebäude in der Bildmitte bzw. im Vordergrund war vor dem Abriss Bestandteil eines größeren Wohnblocks (Eckgebäude); die Blöcke rechts und links davon sind bereits abgerissen
- Unteres Foto – nach dem Abriss: ca. zwei Drittel der ursprünglichen Bebauung abgebrochen, auch das ehemalige Eckgebäude; Einzelhochhäuser in einer aufgelockerten Bebauung; aufgelockerte Wohnblockbebauung nur noch an den Bildrändern erkennbar; Grün-/Freiflächen ausgeweitet

11

- Materialtyp: Schrägluftbild
- Räumliche Einordnung: Oberrheintal bei Chur in der östlichen Schweiz
- Größe des Luftbildausschnitts: im Material keine Angaben über die Größe des Bildausschnittes vorhanden; Berechnung mithilfe des Atlas: vom unteren Bildrand bis zum hinteren Gebirgsfuß ca. 10 km/Breite des Rheintales ca. 1,5 km
- Dargestellter Inhalt: Landschaftsaufnahme mit Besiedlung und Nutzung des vom Rhein durchflossenen Talbodens; natürliche Raumausstattung mit den Ausläufern der Glarner und der Rätischen Alpen sowie dem Rheintal; anthropogene Überformung durch Siedlungen mit Industrieflächen sowie Verkehrswegen
- Geographisches Thema: Formung der Erdoberfläche durch glaziale Prozesse (ehemaliges Trogtal, durch Flusssedimente aufgefüllt), Nutzung einer Hochgebirgslandschaft (Siedlung, Gewerbe, Land- und Forstwirtschaft)

12

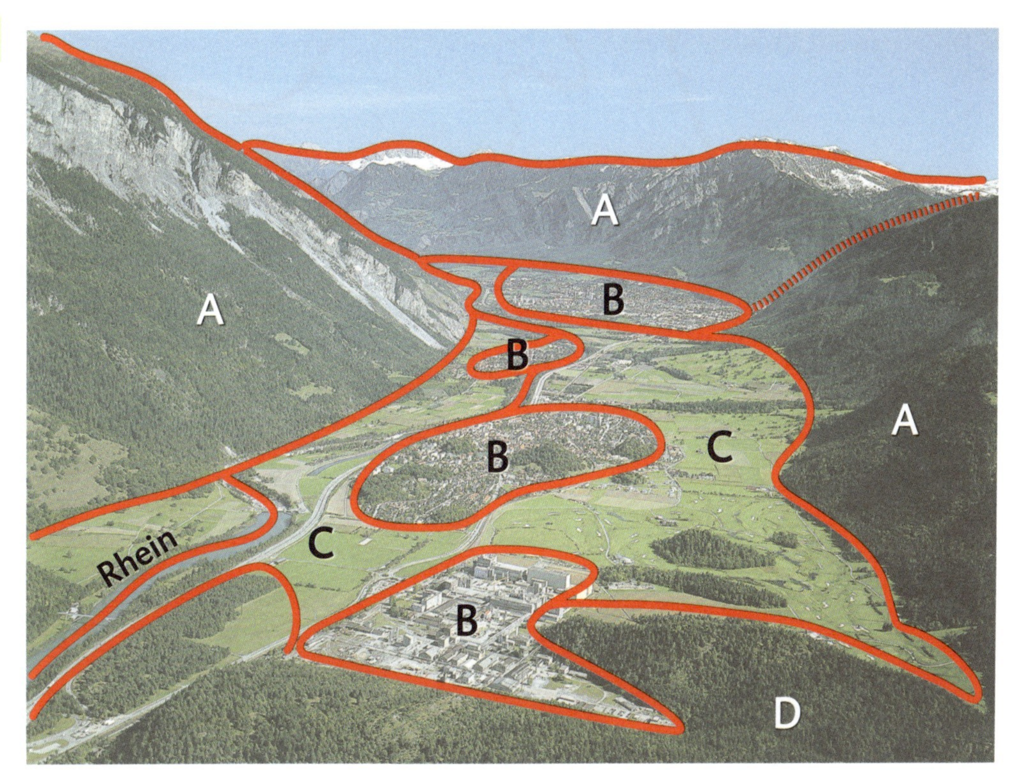

A Gebirge, z. T. bewaldet, z. T. vergletschert; Bergwandern und Bergsteigen; *B* Talboden; Siedlungs- und Verkehrsbereich; *C* Talboden; Wiesen- und Weidefläche; *D* Talboden, bewaldet; Ausgleichsfläche, Restwald oder Forstflächen

13

- Thema: Stadtzentrum Dresden
- Senkrechtluftbild nicht eingenordet: Norden ist unten (vgl. Atlas)
- Fluss (Elbe): beidseitige Besiedlung mit Verkehrsverbindung über zwei Brücken; Schiffsanleger der Personenschifffahrt
- Inneres Stadtzentrum:
  - Von einer Ringstraße umrandet
  - Im südlichen (im Luftbild oberen) Teil mehrstöckige Blockbebauung, im nördlichen (im Luftbild unteren) Teil offene Bauweise
  - Zwei zentral gelegene, rechteckige Plätze beidseits einer West-/Ost-Verkehrsachse, fast keine Grünanlagen
  - Klare Ringstruktur im Luftbild unten rechts durch einen Platz mit großen Gebäuden gestört (Semperoper, Zwinger und Schloss; Atlas)
- Äußeres Stadtzentrum:
  - Reihenhausbebauung im Luftbild rechts oben, Blockrandbebauung am rechten und linken Bildrand
  - Gebäudekomplexe rechts unten und links oben im Luftbild erkennbar (Gewerbe, Landtag, Bildungseinrichtung; Atlas)
  - In der oberen Bildmitte eine große Freifläche (Parkplatz)
  - Zahlreiche Grünflächen, zusammenhängend (im Luftbild rechts unten) bzw. aufgelockert innerhalb der bebauten Flächen

14

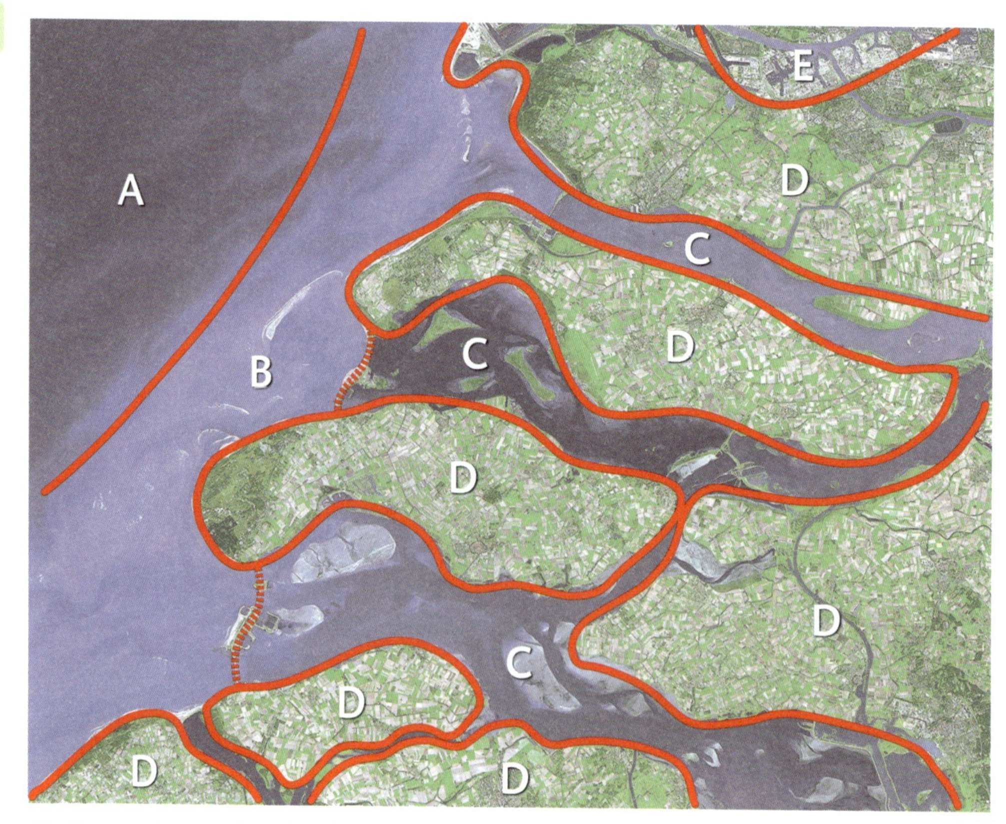

A Salzwasser der Nordsee; *B* Ablagerungen von Maas und Schelde; *C* Mündungsarme von Maas und Schelde; *D* Polder mit landwirtschaftlicher Nutzung; *E* Hafengebiet Rotterdam; --- Sperrwerk

15

- Thema des Satellitenbildes: Darstellung der Bucht von San Francisco, Kalifornien/USA
- Bildausschnitt mit Breite von ca. 47 km und Höhe von ca. 80 km; eingenordet (Atlas)
- Stadtzentrum von San Francisco (auf Halbinsel, westlich der Bucht) und Oakland (auf Festland, östlich der Bucht) gut erkennbar (= graue Flächen ungefähr in Bildmitte)
- Relief: Küstenkette als Gebirgszug von NW nach SO deutlich erkennbar
- Landschaftsgliederung: im Westen Küstenlinie des Pazifik mit weißem Strand erkennbar; zentral in der Bildmitte die San Francisco Bay, im nördlichen Teil mit Sedimentablagerungen; im Osten Küstenkette mit Vegetationsbedeckung; am oberen sowie am unteren rechten Bildrand größere Feuchtgebiete erkennbar (Areale des South San Francisco Bay National Wildlife Refuge)
- Siedlungsflächen: Stadtzentren von San Francisco und Oakland beiderseits der San Francisco Bay; weitere bebaute Flächen rund um den südlichen Teil der San Francisco Bay und am nordöstlichen Ufer; im Landesinneren zusammenhängende Siedlungsflächen beiderseits des Zulaufs zur San Francisco Bay sowie in den Tälern der Küstenkette
- Differenzierende Auswertung nach Wohn-, Gewerbe- und Verkehrsflächen nicht möglich
- Vegetation: Aufnahmezeitpunkt während der Vegetationsperiode Anfang März: erkennbar sind ausgedehnte Flächen mit Vegetation im Landesinneren, auf der nördlichen und in großen Teilen der südlichen Landzunge

Test 2

1

- Großräumige Lage Hamburgs am Zusammenfluss von Süder- und Norderelbe
- Verkehrsanbindung: über die Elbe an die Nordsee und damit an internationale Verkehrswege
- Innerstädtische Lage des Hafens: südlich der Elbe, weitgehend getrennt vom städtischen Bereich im Norden
- Hafenstruktur: verzweigtes System von Hafenbecken, die verschiedene Größen aufweisen
- Unterschiedliche Formen und Farben lassen vermuten, dass in den unterschiedlichen Hafenbecken auch unterschiedliche Güter umgeschlagen werden

2

- Hafen muss für die modernsten Riesenfrachter mit großem Tiefgang erreichbar sein
- Umschlagplatz für Seegüter aller Art
- Zahlreiche große Containerterminals für schnelles Abwickeln und Verkürzung der teuren Liegezeiten
- Durch Container-Logistik eingebunden in den Welthandel (Standardcontainer)
- Weiträumige Anlagen (Containerterminals) zum Zwischenlagern von Containern vor dem Weitertransport
- Deutlich geringere Anzahl von Anlagen für Massen- und Stückgut
- Trimodale Verkehrsstruktur: Anschluss an nationales und internationales Wasserstraßen-, Straßen- und Schienennetz

Tabellen und Diagramme

16

- Thema/Überschrift: Stand der allgemeinen Entwicklung in drei westafrikanischen Staaten
- Untersuchte Räume: Liberia, Guinea, Sierra Leone im Vergleich mit zwei europäischen Staaten sowie Südafrika
- Funktion der drei im unteren Tabellenteil angeführten Staaten: Verdeutlichung von Entwicklungsunterschieden
- Die Tabelle sagt nichts über aktuelle Entwicklungen aus (entweder Aussagen zu einzelnen Jahren oder Durchschnittswerte für 7, 9 oder 10 Jahre)
- Indirekte Aussagen über andere Indikatoren: Aussage zu Anteil der Bevölkerung, der in Armut lebt („Bev. mit weniger als 1,25 US-$ KKP/Tag); geringer Anteil des sekundären und tertiären Sektors an der Wirtschaftsstruktur (niedriges BIP/Kopf); unzureichendes Sozialsystem (hoher Anteil an Kinderarbeit) u. a.
- Interdependenzen: HDI-Rang, Einkommenssituation, Gesundheits- und Bildungswesen sowie Zugang zu modernen Medien bedingen sich gegenseitig und sind eindeutige (Unter-)Entwicklungsindikatoren
- Die Tabelle enthält keine Prognosen
- Zentrale Aussagen zu den drei westafrikanischen Staaten:
  - Hintere HDI-Ränge belegen Entwicklungsrückständigkeit
  - Die Hälfte der Menschen bzw. der überwiegende Bevölkerungsanteil (Liberia) lebt in größter Armut
  - Selbst im Vergleich zu Südafrika, v. a. aber zu Deutschland und Spanien verschwindend geringes BIP/Kopf
  - Hoher Anteil an Kinderarbeit weist auf soziale Problem hin
  - Weniger als die Hälfte aller Kinder kann lesen und schreiben = schlechte Voraussetzung für wirtschaftliche und gesellschaftliche Entwicklung in der Zukunft
  - Medizinische Versorgung unzureichend (Verhältnis Arzt : Einwohner ca. 1:400 im Vergleich zu Europa) = hohe Säuglingssterblichkeit sowie geringe Lebenserwartung als mögliche Folgen
  - „Digitaler Graben" im Vergleich zu Europa deutlich erkennbar: kaum Zugang zum Internet = kaum Chancen, am Globalisierungsprozess teilzuhaben
- Verlässliche Quelle: jährliche Statistik der UN

17

- Westliche (alte) Bundesländer:
  - Bei ungefähr gleichbleibender Gesamtbevölkerungsanzahl zwischen 1999 und 2020 deutlicher Rückgang der unter 20-Jährigen in allen Teilregionen bis auf niedrigsten Indexwert 80 (= –20)
  - Geringer Rückgang der 20 – 60-Jährigen (max. –3 Indexpunkte)
  - Deutlicher Anstieg der Über-60-Jährigen auf maximalen Indexwert 125/126 im verstädterten und im ländlichen Raum (+ 25/+ 26)
- Östliche (neue) Bundesländer
  - Weitere Entleerung der verstädterten und ländlichen Räume bei gleichzeitigem Zuwachs der Bevölkerung in Agglomerationsräumen

- Überstarker Rückgang der 20–60-Jährigen im verstädterten bzw. ländlichen Raum (= –18/–20) bis auf den niedrigsten Indexwert 82 bzw. 80
- Leichter Wiederanstieg der Unter-20-Jährigen seit 2010 um 2 bis 6 Indexpunkte, v. a. in Agglomerationsräumen
- Noch stärkere Überalterung als in den westlichen Bundesländern durch hohen Zuwachs der über 60-Jährigen bis zum Indexwert 131 im ländlichen Raum

■ Gesamtdeutschland
- Anhaltende Land-Stadt-Wanderungen in Ostdeutschland sowie stärkere Abwanderung aus ländlichen Regionen
- Überalterungsprozess der Gesellschaft umso stärker, je ländlicher die Regionen geprägt sind

18

■ Beschäftigtenstruktur:
- Kontinuierlicher Rückgang der in der Landwirtschaft Beschäftigten von 13 % (DDR) bis auf 2 % im Jahr 2013
- Ebenfalls Rückgang der im sekundären Sektor Tätigen von knapp 50 % über ca. 37 % (1989) bis auf nur noch ca. 25 % (2013)
- Hingegen kontinuierlicher Anstieg der im tertiären Sektor Beschäftigten von ca. 43 % bzw. 38 % über 60 % (1989) bis auf gegenwärtig knapp 75 %

■ BIP-Anteile:
- Gleichbleibend sehr geringer Anteil des primären Sektors 1990 und 2013 (2 % bzw. 1 %)
- Deutlicher Bedeutungsrückgang des sekundären Sektors gegenüber 1990 (38 %), aber minimaler Wiederanstieg seit 2000 auf über 30 % (2013)
- Tertiärer Sektor: starker Anstieg des BIP-Beitrages von 1990 bis 2000 um ca. 10 % auf 70 %, anschließend geringfügiger Rückgang bis 2013 auf ca. 69 %

■ Fazit:
- Erkennbarer Wandel von der Industrie- zur Dienstleistungsgesellschaft um das Jahr 2000 abgeschlossen; geringfügige Re-Industrialisierung seit der Jahrtausendwende
- Produktivster Wirtschaftssektor 2013 war wie auch bereits 2000 der sekundäre Sektor aufgrund des günstigsten Verhältnisses von Beschäftigtenanteil zu BIP-Anteil

19

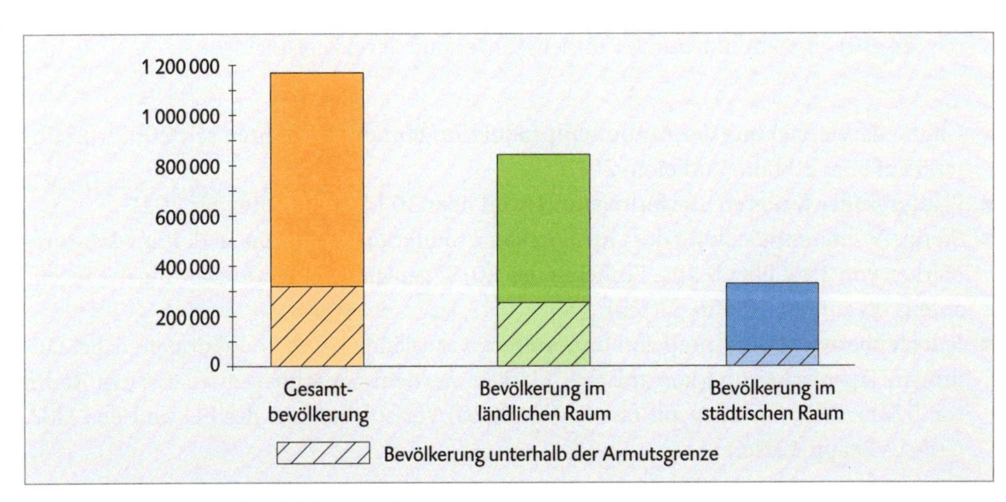

Bevölkerung in Indien 2009 (in 1 000 Einwohner)

20
- Bis auf die beiden US-amerikanischen Städte sind die abgebildeten Global Citys auch Hauptstädte ihrer Länder
- Spitzenreiter New York mit höchstem Wert bei allen fünf Kriterien
- Politischer Bedeutungsanteil am stärksten in New York ausgeprägt
- Hochbewerteter Index „wirtschaftliche Bedeutung“ bei den ersten fünf Global Citys der Rangliste ausschlaggebend
- Guter Bildungsstand der Stadtbevölkerung ebenfalls wichtig für einen Spitzenplatz im Ranking (Ausnahme: Paris)
- Relativ großer Anteil der kulturellen Bedeutung bei Paris und Berlin
- Fazit: Brüssel als Global City wegen seiner Funktion als EU-Hauptstadt, die übrigen Global Citys an der Spitze v. a. wegen ihrer Wirtschaftskraft und der guten Bildungsmöglichkeiten

21
- Anstieg des Produktionsvolumens innerhalb von 10 Jahren um fast 20 Mrd. € auf 56,1 Mrd. €
- Geringe Zunahme des Anteils pflanzlicher Erzeugnisse um 2 % auf fast denselben Wert wie bei den tierischen Erzeugnissen, der um 1,3 % gesunken ist
- Anteil der Milchproduktion (–2,5 %) ist zugunsten des Anstiegs aller Fleischerzeugnisse gesunken
- Produktion von Futterpflanzen (+4 %) und von Getreide (+3,3 %) ist gestiegen, die von Blumen und Zierpflanzen (–2,5 %) und sonstigen pflanzlichen Erzeugnissen (–3,2 %) ist gesunken
- Fazit: eine signifikante Strukturveränderung hat von 2003 bis 2013 nicht stattgefunden

22
- Die Teilbranchen der Logistik weisen eine deutlich unterschiedliche Personalintensität (Verhältnis Tätige : Umsatz) auf
- Kostengünstige Relationen bei der Schifffahrt (2 : 11), im Luftverkehr (3 : 9) und im Bereich der Lagerung (30 : 39); dort werden Massengüter oder wertvolle Fracht von verhältnismäßig wenigen Beschäftigten transportiert, die zudem durch EDV und maschinierte Verfahren unterstützt werden
- Kostenintensiv: Landverkehr (Lkw, Bahn) und Rohrfernleitungen (41 : 30), dafür wird viel Personal benötigt; der hohe Personalbedarf v. a. bei Post-, Kurier- und Expressdiensten (24 : 10) entsteht u. a. durch Fahrzeugführer und Serviceleister

23
- China: Vervierfachung der Automobilproduktion binnen acht Jahren seit 2005 von unter 5 auf über 20 Mio. Einheiten 2013
- Planung einer weiteren Steigerung um 10 auf über 30 Mio. Einheiten bis 2020
- Stetige Weiterentwicklung des chinesischen Produktionsvolumens inkl. Joint-Venture-Marken von 2 auf über 5 Mio. Einheiten bis 2013; geplant: weitere Steigerung des Eigenanteils bis auf fast 10 Mio. (2020)
- Jedoch überwiegt der Anteil von Importen bzw. ausländischen Produktionen; dabei Dominanz japanischer und koreanischer Marken aus dem benachbarten asiatischen Raum (ca. 5 Mio. 2013, Anstieg auf fast 8 Mio. 2020) vor solchen aus der EU und den USA (jeweils knapp 4 Mio.)

- Absicht der EU und der USA, bis 2020 ihren Absatzanteil auf jeweils ca. 7 Mio. zu steigern
- Neuer Produzent Indien seit 2014, mit allerdings einem gleichbleibend geringen Anteil von unter 1 Mio. bis 2020

24 Die Automobilproduktion in China 2005–2030 ist in vier Phasen unterteilbar:

- Phase 1 (2005–2008): geringe Steigerung von 5 auf ca. 8 Mio. Fahrzeuge, Hauptbeteiligung der asiatischen Produzenten Japan und Korea bei einem Drittel Eigenanteil
- Phase 2 (2008–2010): Verdoppelung der Gesamtproduktion in nur 2 Jahren mithilfe von ausländischem Know-how und Kapital bei leicht gestiegenem eigenen Anteil (knapp 40 %), aber deutlich gestiegenem Anteil amerikanischer und europäischer Automobilproduzenten (ebenfalls knapp 40 %)
- Phase 3 (2010–2014): Steigerung der Gesamtproduktion um ein Drittel auf 20 Mio., dabei Rückgang des Eigenproduktionsanteils auf unter ein Drittel und in etwa jeweils gleichbleibender Anteil der ausländischen Produzenten
- Phase 4 (bis 2020): nochmalige Produktionssteigerung um ein Drittel auf 30 Mio. Fahrzeuge bei annähernd gleichbleibendem Produktionseigenanteil Chinas; relativer Anstieg der europäischen Produzenten auf fast denselben Wert wie Japan und Korea zusammen (ca. 23 %) und leichter Rückgang des Produktionsanteils der us-amerikanischen Firmen auf ca. 18 %
- Fazit: gewünschte schnelle Ausweitung des Automobilbesatzes in China nur mithilfe ausländischer Produzenten möglich; hierbei steigender absoluter Anteil ausländischer Produzenten

25

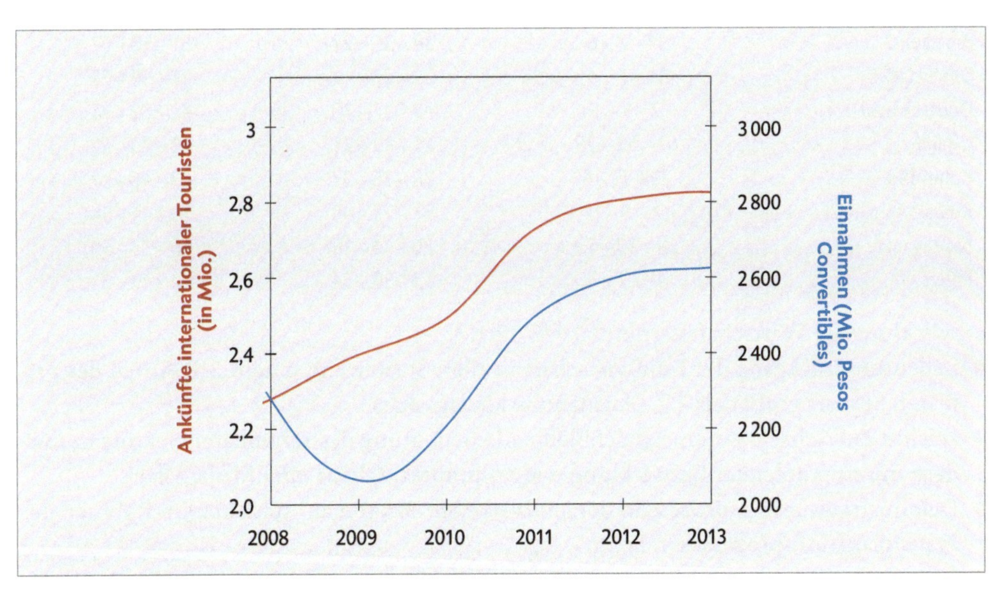

Fremdenverkehr in Kuba

26

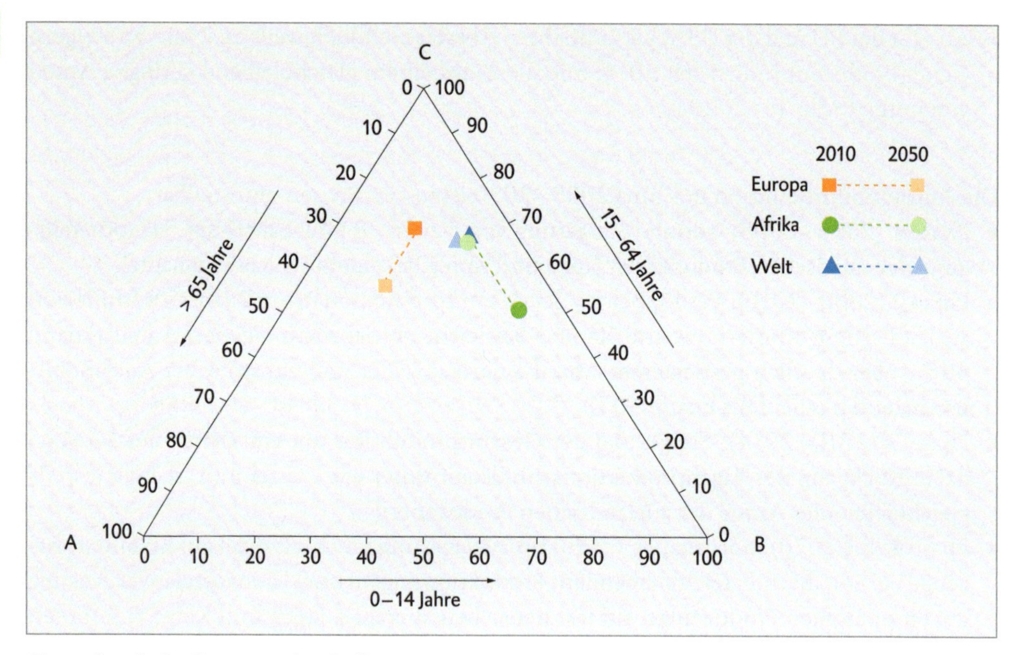

Altersaufbau der Bevölkerung einzelner Großräume

27 Hilfstabelle:

BIP-Anteil (in %)	I 1979–1991–2013	II 1979–1991–2013	III 1979–1991–2013
Brasilien	11–7–6	38–35–27	51–58–67
Dänemark	11–3–4	32–27–19	57–69–77
Deutschland	2–1–1	49–37–28	49–62–71
Ghana	67–52–29	21–19–21	13–29–51
Kolumbien	29–17–6	28–35–37	43–48–57
Kuwait	1–1–1	81–55–46	18–44–54
Madagaskar	34–33–29	20–14–16	46–53–54
Polen	17–7–3	63–50–34	20–43–63

Entwicklung der Wirtschaftsstruktur 1979–2013:

- Bedeutungsrückgang der Landwirtschaft in allen Staaten mit einem BIP-Anteil des primären Sektors größer als 4 % (Ausnahme: Madagaskar)
- Leichte Zuwächse bzw. eine gleichbleibende Bedeutung des sekundären Sektors in Ländern mit nachholender Entwicklung wie Kolumbien, Ghana oder Madagaskar
- Deindustrialisierungsprozess in den entwickelten Staaten am stärksten im Rahmen des Transformationsprozesses in Polen
- Bedeutungszuwachs des tertiären Sektors in allen Staaten, am stärksten in den Erdöl fördernden Staaten Ghana und Kuwait
- Ghana und Polen mit dem deutlichsten, Madagaskar mit dem geringsten Strukturwandel

28

- Niger 2000: regelmäßiger Aufbau; Jahrgänge 0–4 am stärksten; ungefähr gleicher Anteil männlich/weiblich; geringe Lebenserwartung
- Niger 2050: enorme quantitative Zunahme = Verfünffachung der Einwohnerzahl seit 2000; ungefähr gleicher Anteil männlich/weiblich; ab 2030 etwas geringere jährliche Zuwachsrate
- Belgien 2000: unregelmäßiger Aufbau; Bevölkerungszunahme in den ersten 20 Jahren nach Ende des Zweiten Weltkrieges (35–55-Jährige); nach Pillenknick 15 Jahre lang Rückgang der jährlichen Geburtenanzahl (25–40-Jährige), dann ca. 15 Jahre Stagnation (20–35-Jährige bzw. 5–20-Jährige); geringerer Anteil der männlichen Bevölkerung bei den 60–99-Jährigen (Kriegsverluste)
- Belgien 2050: absoluter Bevölkerungsrückgang seit 2000 um ca. 5 %; jährlich geringere Geburtenanzahl seit 1995 (0–55-Jährige); Überschuss der weiblichen Bevölkerung bei den 55–99-Jährigen (höhere Lebenserwartung von Frauen)

29

- Niger 2000: Annäherung an Pyramidenform
- Niger 2050: zwischen Pagoden- und Pyramidenform
- Belgien 2000: Tannenbaumform
- Belgien 2015: Urnenform

30

- Lage Palermos: Stadt an der Mittelmeerküste Siziliens und somit auf der Nordhalbkugel
- Jahresdurchschnittstemperatur 18,5 °C
- Jahrestemperaturgang: Temperaturen von 10 °C im Januar (Winterhalbjahr/ Minimum) auf 25 °C im August (Sommerhalbjahr/ Maximum) stetig ansteigend, danach stetig abfallend
- Jahresniederschlagsmenge: mit 611 mm um ca. ein Drittel bis ein Viertel niedriger als in Deutschland
- Niederschlagsverlauf: Niederschlag von Januar (70 mm) bis Juli (5 mm/ Minimum) abnehmend, bis Oktober (75 mm/ Maximum) zunehmend, dann wieder abnehmend (Dezember 65 mm) mit Besonderheit Februar (40 mm) (= Mittelmeerklima)
- Niederschlagsbilanz: aride Monate von Mai bis Mitte September, Rest des Jahres humid

31

- Lage: alle Stationen liegen auf der Nordhalbkugel, da die Temperaturmaxima im Nordsommer verzeichnet werden
- Jahresgang der Temperaturen:
  - Station A: stetig zunehmend von Januar bis Juli, stetig abnehmend von Juli bis Dezember, Temperaturamplitude 28 °C
  - Station B: stetig zunehmend von Januar bis Juli, stetig abnehmend von Juli bis Dezember, Temperaturamplitude 17 °C
  - Station C: ganzjährig fast gleichbleibend, Temperaturamplitude 1 °C
- Temperaturminima/-maxima:
  - Station A: –10 °C im Januar, + 18 °C im Juli
  - Station B: + 17 °C im Januar, + 34 °C im Juli
  - Station C: + 24 °C von Juni bis November, + 25 °C von Dezember bis Mai

- Niederschlagsverhältnisse:
  - Station A: ganzjährig Niederschlag, Minimum 30 mm, Maximum 75 mm, Niederschlagsmaximum im Sommer
  - Station B: ganzjährig kein Niederschlag
  - Station C: ganzjährig Niederschlag, bis auf Januar (90 mm) jeder Monat mit über 100 mm Niederschlag mit Maximum im Oktober (230 mm), zwei Regenzeiten (Frühjahr/ Herbst)
- humide/aride Monate:
  - Station A: alle Monate humid
  - Station B: alle Monate arid
  - Station C: alle Monate humid
- Einordnung Klimazone:
  - Station A: hohe Temperaturamplitude, ganzjähriger Niederschlag: Klima der mittleren Breiten
  - Station B: hohes Temperaturniveau, kein Niederschlag: Trockenklima
  - Station C: ganzjährig gleiche Temperatur und hohe Niederschlagsmenge: tropisches Klima
- Hieraus folgende Zuordnung:
  - Station A: Moskau/ Russland
  - Station B: Assuan/Ägypten
  - Station C: Kisangani/ Rep. Kongo

32

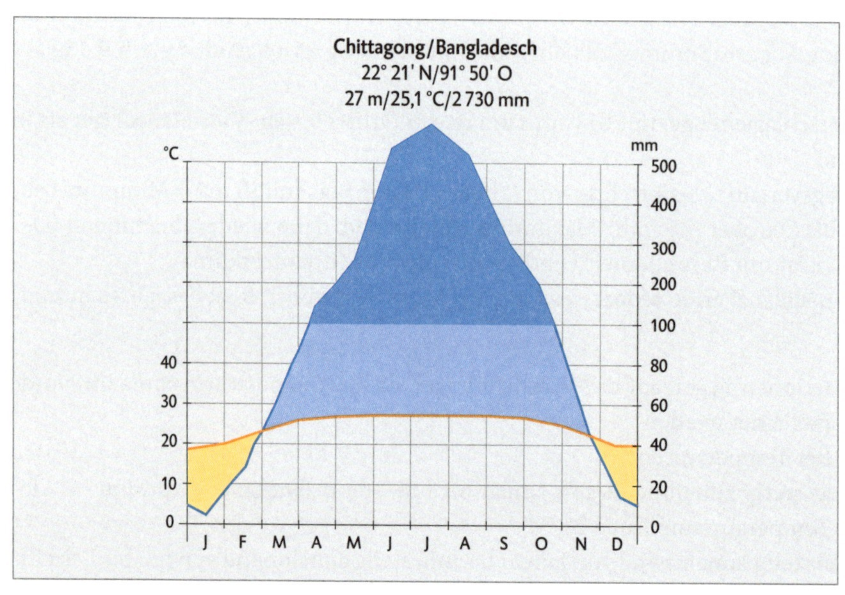

Klimadiagramm Chittagong/Bangladesch

33

- Tagesgang der Temperatur Mitte März: um 5 Uhr morgens Temperaturminimum bei 20 °C; rascher Anstieg über 28 °C (9 Uhr) und 33 °C (12 Uhr) auf das Temperaturmaximum von 35 °C um 15 Uhr; anschließend Temperaturabnahme über 26 °C (21 Uhr) und 24 °C (24 Uhr) auf das frühmorgendliche Minimum
- Temperaturverlauf um 12 Uhr: von Januar (<26 °C) bis zum Hauptmaximum Anfang Mai (>40 °C) rascher Anstieg der Mittagstemperaturen; bis Anfang Juli Temperaturabnahme auf Werte um 30 °C, die im Wesentlichen bis Ende Oktober gleich bleiben mit einem zweiten kleineren Maximum von 31,2 °C Anfang Oktober; ab Anfang November langsame Abnahme der Mittagstemperatur über 26,6 °C (Dezember) auf unter 26 °C

34

- Hohe Temperaturamplituden in den Monaten Oktober bis Mai (zwischen 9 °C und 12 °C mit dem Maximum im April)
- Niedrige Temperaturamplituden in den Monaten Juni bis September (zwischen 4 °C und 7 °C mit dem Minimum im Juli)

35

- Deutlich unterschiedliche Anzahl fertiggestellter Wohnungen 2011: Maximum in Frankreich mit 600 000, Minimum in Dänemark mit <25 000
- Deutlich unterschiedliches Verhältnis fertiggestellter Wohnungen von 2008–2012 je 1 000 Einwohner: Maximum in Finnland mit rund 6, Minimum in Irland mit ca. 1,7
- Deutlich unterschiedliche Entwicklungen beim Wohnungsbau zwischen 2008 und 2012: größter Zuwachs in Deutschland mit >20 %, weitere positive Entwicklung ansonsten nur noch in der Schweiz und in Polen; stärkster Rückgang des Wohnungsbaus in Irland und Spanien mit 80 bzw. 75 %, weitere Rückgänge um mehr als 40 % in Portugal, Dänemark und Italien
- Eindeutiger Zusammenhang zwischen Wohnungsbauvolumen und Bevölkerung lässt sich nicht feststellen

36

- Hinsichtlich des Entwicklungsrankings eindeutige Reihenfolge Brasilien – Paraguay – Bolivien
- Brasilien mit einem relativ hohen BIP/Kopf in KKP von 12 000 US-$: geringes Bevölkerungswachstum von 0,7 % (2013), relativ hohe Lebenserwartung von 73 Jahren, Bevölkerungsanteil von knapp über 20 % unter der Armutsgrenze und nur noch 16 % in der Landwirtschaft Tätige
- Paraguay mit einem nur etwa halb so großen BIP/Kopf: Bevölkerung zu einem Drittel unter der Armutsgrenze, noch 27 % im primären Sektor Tätige, mit 1,1 % eine mittlere Bevölkerungszuwachsrate; mit 76 Jahren höchste Lebenserwartung passt nicht zu den anderen Indexwerten
- Eindeutiger Entwicklungsrückstand im unterentwickelten, von der globalen Entwicklung abgeschnittenen Bolivien: mit etwas über 5 000 US-$ BIP/Kopf niedrigster Einkommenswert, mit 50 % höchster Wert bei den unter der Armutsgrenze Lebenden, mit fast einem Drittel sehr hohe Quote der in der Landwirtschaft Tätigen, starkes Bevölkerungswachstum (1,5 %) und geringste Lebenserwartung mit nur 68 Jahren

37

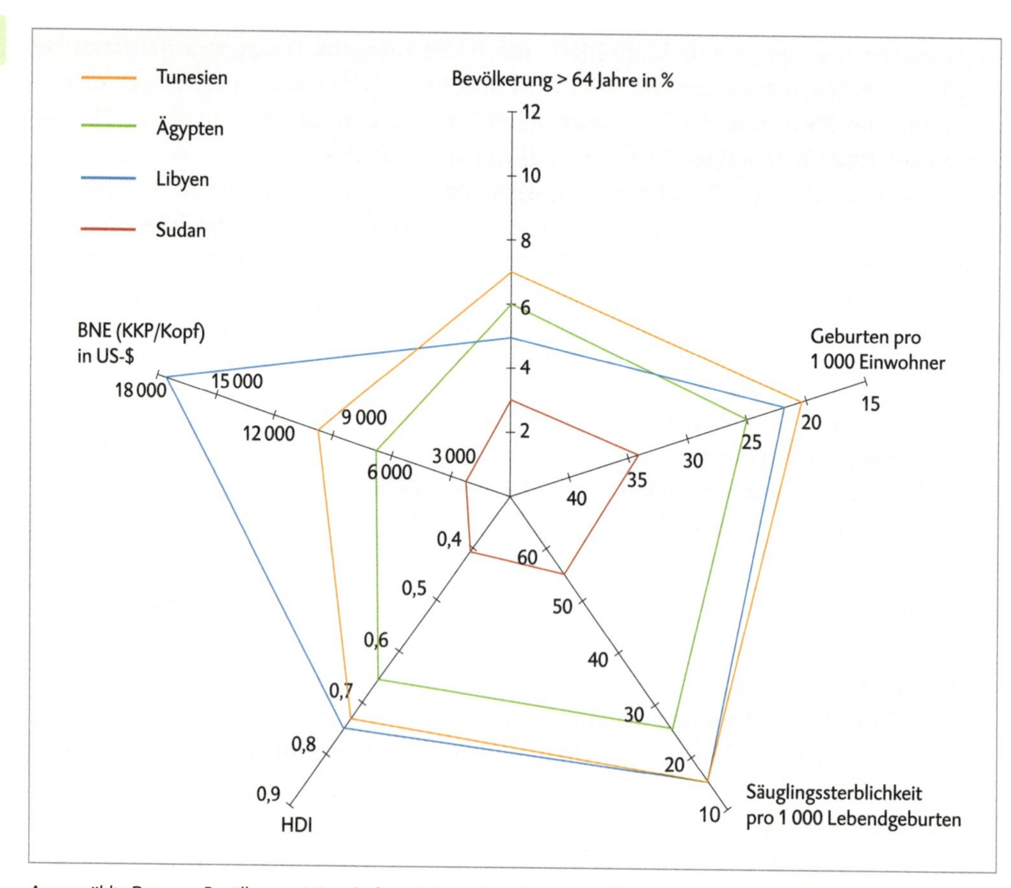

Ausgewählte Daten zu Bevölkerung, Wirtschaft und Gesundheit für vier nordafrikanische Länder 2012

Test 3

1

- Fast jährliches Schwanken der Zuwächse gegenüber dem Vorjahr bei beiden Ländergruppen
- Bis auf 1989 stärkeres Wachstum der Schwellen- und Entwicklungsländer gegenüber dem Vorjahr im Vergleich mit den Industriestaaten
- In der Summe größerer Gesamtanstieg bei den Schwellen- und Entwicklungsländern gegenüber dem Ausgangswert von 1980
- Stärkster negativer Einschnitt 2009 (nur + 3 % gegenüber + 9 % im Vorjahr bei den Schwellen- und Entwicklungsländern; −4 % gegenüber fast + 3 % im Vorjahr bei den Industriestaaten)
- Prognose von + 4,8 % bis + 5,5 % bzw. + 1,5 % bis + 2,5 % für 2014 bis 2016
- Trotz niedriger Ausgangswerte beim BNE je Einwohner deutliche Vergrößerung des absoluten Unterschiedes (BNE in US-$) zwischen Industriestaaten und den übrigen Staaten seit 2000
- Ungefähr ab dem Jahr 2000 ist das Wirtschaftswachstum in den Schwellen- und Entwicklungsländern deutlich stärker als in den Industrieländern, jedoch von geringeren Ausgangswerten ausgehend

2

- Zwischen 1995 und 2013 in der Regel höhere ausländische Direktinvestitionen/ADI pro Jahr in die Industrieländer als in die anderen Länder
- Seit 2003 Investitionen verstärkt auch in Schwellenländer, entsprechend ihrer Anzahl in der Summe am niedrigsten in den Transformationsländern
- Seit 2009 jährlich deutlich höhere ADI in Schwellen- und Entwicklungsländer
- 2013 im Verhältnis 778 : 565 Mrd. US-$ erstmals höhere ADI in den Entwicklungs- und Schwellenländern
- Trotz größerer absoluter Investitionssumme in Anbetracht der jeweiligen Länderanzahl relativ größere ADI je Industriestaat
- Keine differenzierende Aussage zwischen Schwellen- und Entwicklungsländern möglich
- Grundsätzlicher Zusammenhang zwischen absolutem jährlichen Wirtschaftswachstum und ADI aufgrund der Datenlage nicht je Staat nachweisbar

Abstrakte Darstellungen

38 Die drei Teufelskreise veranschaulichen das Ineinandergreifen der drei gesellschaftlichen und ökonomischen Teilbereiche Ernährung – Bildung – Produktivität:

- Persönliche Armut als Folge von Ernährungsmangel, körperlicher Schwächung und Arbeitsplatzmangel
- Persönliche Armut als Folge fehlender beruflicher Kompetenzen, fußend auf unzureichender schulischer Bildung
- Persönliche und gesellschaftliche Armut als Folge von Kapitalmangel, fehlender Investitionen, geringer Produktivität und geringen Steueraufkommens
- Gesellschaftliche Armut als Quintessenz fehlender staatlicher Investitionen in Bildungssystem, Gesundheitsfürsorge, Grundversorgung der Bevölkerung und wirtschaftlicher Investitionen

39 Desertifikation in semiariden Gebieten als Folge unsachgemäßen menschlichen Handelns:

- Überschreiten der Tragfähigkeitsgrenze aufgrund zu starken Bevölkerungswachstums
- Andauernde Übernutzung von Boden, Vegetation und Wasserhaushalt durch den lebenden und wirtschaftenden Menschen
- Veränderung der natürlichen Lebensgrundlage: Absenken des Grundwasserspiegels, Vegetationsverarmung und -verlust, Bodendegradierung, Rückgang der Artenvielfalt
- Lokale und regionale, ggf. überregionale Auswirkungen: Deflation, Wüstenbildung, Austrocknung von Seen, Zunahme der Aridität

40

Positive und negative Aspekte des Massentourismus

41

- Erläuterung der Begriffe „untere soziale Schichten“, „Pioniere“ und „Gentrifier“
  - Untere soziale Schichten = Menschen, die soziologisch unterhalb der Mittelschicht angeordnet werden; Kennzeichen ihrer Mitglieder: unterdurchschnittliches Einkommen, niedriger Lebensstandard, geringes Bildungsniveau, geringer Ausbildungsstand; ggf. Zugehörigkeit zu sozialen Randgruppen
  - Pioniere = Mitglieder der ersten „Invasionswelle“: Studenten, Künstler, Mitglieder der sogenannten Subkultur; werden angelockt durch niedrige Mieten; schaffen ein neues soziales Klima in abgewohnten, heruntergekommenen Quartieren und Stadtvierteln mit schlechter Bausubstanz
  - Gentrifier = Mitglieder der zweiten „Invasionswelle“: sozial höhergestellt und finanzstark; bewirken durch Sanierung, Aufkauf und Wohnumfeldverbesserungen eine Aufwertung und Wertsteigerung von Wohnungen, Häusern, Straßenzügen und ganzen Vierteln, lösen starken Segregationsprozess aus
- Gentrifizierung als Veränderungsprozess der Bevölkerungszusammensetzung in sozial schwachen Vierteln
- Gentrifizierung verläuft in sechs Phasen, wovon die letzte anhält
- Beteiligt sind an Altbevölkerung „untere“ und „andere“ soziale Schichten sowie an Neubevölkerung „Pioniere“ und „Gentrifier“
- Anteil der unteren sozialen Schichten sinkt ausgehend von 50 % besonders stark ab Phase 2 (auf 30 %) und tendiert ab Phase 6 gegen 0 %
- Anteil der ursprünglichen anderen Bevölkerungsgruppen sinkt stetig von 40 % gegen 5 %, besonders stark in Phase 5
- Pioniere setzen in Phase 1 den Gentrifizierungsprozess in Gang (bis 20 % Anteil), steigern ihren Bevölkerungsanteil am Ende von Phase 3 auf maximal 50 %
- Rückgang des Anteils der Pioniere bis auf 30 % zeitgleich zum Anstieg der Gentrifier bis Phase 6
- Höhepunkt des Zuzugs neuer Bevölkerungsgruppen in Phase 3 mit Beginn des Zuzugs von Gentrifiern (bis 5 %)
- Steiler Anstieg des Gentrifier-Zuzugs ab Phase 4 (30 %), weiterer Anstieg bis auf 60 % in Phase 5 und 6
- Fast völlige Verdrängung der ursprünglichen Bevölkerung bis zur Phase 6 (unter 10 %)

42

- Kennzeichen des Point-to-Point-Systems:
  - Große Anzahl direkter Verbindungen
  - Fehlen bündelnder „Knoten“
  - Großer Zeitaufwand für Hin- und Rückfahrten
  - Hohe Transportkosten u. a. wegen des hohen Zeitaufwands und der evtl. geringen Auslastung
- Unterschied des Hub-and-Spoke-Systems:
  - Verschlankung durch Einrichtung regionaler Schwerpunkte/Knoten (ehemals F und G) als Zwischenstation/-lager
  - Reduzierung der unmittelbaren Transportkontakte
  - Optimierung der Gesamtkosten im System durch Effektivitätssteigerung (Zeit und Geld) trotz streckenweiser Umwege über den nahegelegenen Hub (z. B. von A nach E oder von H nach I)

Test 4

1

- Phase 1: Urbanisierung
  - Zuwanderung aus dem Umland und aus ferneren Regionen
  - Bevölkerungswachstum in der Kernstadt
- Phase 2: Suburbanisierung
  - Abwanderung aus der Kernstadt ins Umland
  - Bevölkerungswachstum im Umland
  - Ausdehnung des Umlandbereiches
- Phase 3: Desurbanisierung
  - weitere Abwanderung aus der Kernstadt
  - Abwanderung auch aus dem Umland
  - Bevölkerungszunahme im Hinterland mit Entstehen von Subzentren
- Phase 4: Reurbanisierung
  - Bevölkerungswachstum in der Kernstadt, u. a. Gentrifizierungsprozess
  - Vernetzung der Siedlungselemente des Hinterlandes im Zuge raumordnerischer Maßnahmen

2

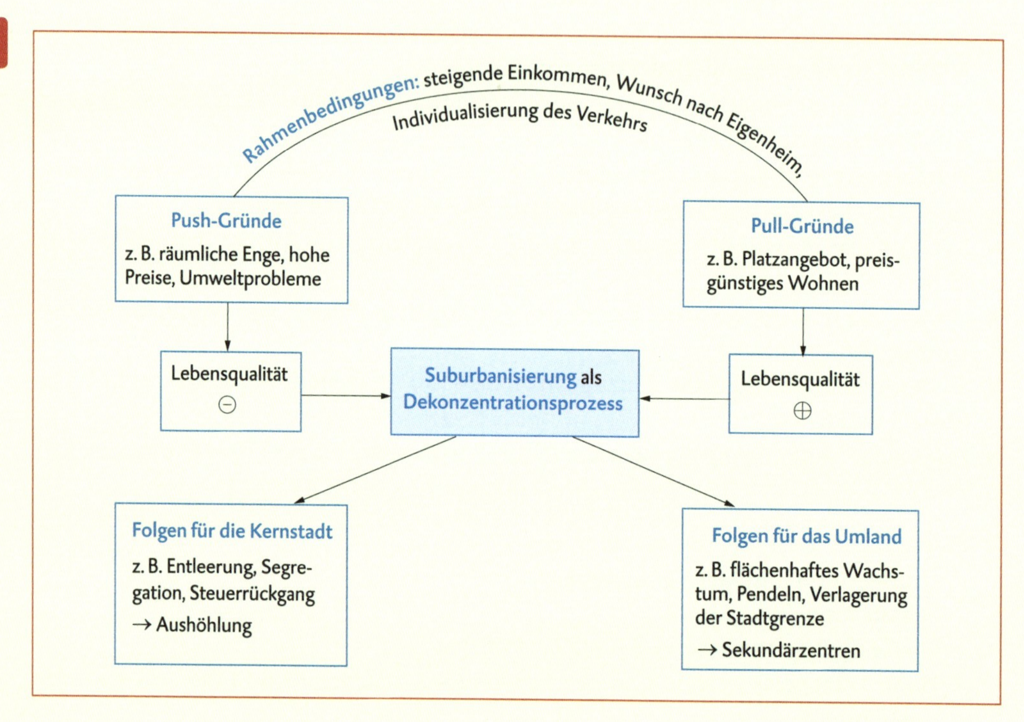

Texte und Karikaturen

43

- Hintergründe des Strukturwandels:
  - Metapher „Ruinen“ in der Überschrift versinnbildlicht den extrem negativen Ausgangszustand
  - Niedergang der Industriegesellschaft (Z. 1 ff.)
  - Rückgang der Industriebeschäftigten seit 2000 um mehr als 200 000 Beschäftigte bei GM, Ford und Chrysler (Z. 7 ff.)
  - Verlassen und Niederbrennen ganzer Straßenzüge (Z. 23 f.)
  - Deutlicher Bevölkerungsrückgang (Z. 4 f.)
  - 80 000 leer stehende Häuser (Z. 27)
- Stand des Strukturwandels:
  - Biblische Metapher „auferstanden“, gleichzeitig Antithese zu „Ruinen“, lässt an eine Wiedergeburt der einst mächtigen Automobilmetropole denken
  - Beginn eines Comebacks (Z. 5 f.), einer „Renaissance“ (Z. 15)
  - Ansiedlung erster Firmen (Z. 18 f.)
  - Investition von 1,6 Mrd. US-$ im Stadtzentrum durch Matt Cullen (Fußnote 2)
  - Abriss von fast 40 000 Häusern geplant (Z. 27 ff.)
  - Sanierungsmaßnahmen in bewohnten Straßen v.a. im Stadtzentrum von Detroit (Z. 41 f.)
  - Rückgang der Anzahl von Sozialhilfeempfängern (Z. 35 ff.)
  - Interesse ausländischer Investoren an Revitalisierungsmaßnahmen (Z. 38 f.)
  - Überlegungen, auch im Stadtrandbereich zu sanieren (Z. 40 ff.)
- Fazit
  - Direkter Zusammenhang zwischen Niedergang der Industrie – Rückgang der Einwohnerzahl – sinkendem Steueraufkommen – sinkender Zufriedenheit
  - Versuch der Revitalisierung über Investitionen in Häuser und Arbeitsplätze
  - Anfangserfolge im Bereich des Stadtzentrums ermutigen zu gesamtstadtbezogenen Aktivitäten

44

- Allgemeines: Internetquelle von 2013, Zeichner nicht genannt; Thema: Entwicklungshilfe
- Nonverbale Elemente: Schwarz-Weiß-Kontrast, der Hautfarbe entsprechend; Haltung/Köperhaltung: Herrscher – Unterdrückter/Sklave; Position der beiden Personen zueinander: über- bzw. unterlegen; gefüllte Geldsäcke des Weißen – leerer Topf des Schwarzen
- Darstellung des Weißen: dick; im Wagen sitzend; gut gekleidet (mit Hut); Zigarre rauchend (Luxusgut); reich (Geldsäcke); lockt mit Entwicklungshilfe-Geldtopf, wie man einen Esel mit Grasbüscheln lockt
- Darstellung des Schwarzen: unterernährt; zieht den Wagen des Weißen wie ein Zugtier; kriechende, unterwürfige Haltung; schnappt nach Inhalt des Entwicklungshilfetopfs
- Sprachliche Elemente: „Profit“ beim Weißen = Zuwachs von Geld und Reichtum; „Entwicklungshilfe“ = Brosamen für den Schwarzen
- Wirkung/Emotionen: Mitleid mit dem Schwarzen in Tierhaltung; Verdruss/Ärger o. Ä. über das Verhalten des Weißen
- Aussageabsicht: Parteinahme für den unterdrückten Schwarzen; (indirekte) Aufforderung, der weiteren Ausbeutung ein Ende zu setzen

Test 5

1

- Infolge der Erderwärmung steigt der Meeresspiegel weltweit an, in der bangladeschischen Region Sundarbans besonders schnell (Z. 1 ff.)
- Wiederholt starke Überschwemmungen mit Verlust von Häusern und umfangreichen wirtschaftlichen Schäden (Z. 9 ff.)
- Notwendige Zurückverlagerung von Wohngebieten Richtung Landesinneres (Z. 14 f.)
- Gefahr, dass sich der Meeresspiegelanstieg von zurzeit 3 mm/Jahr beschleunigt auf über 1 cm pro Jahr im Jahr 2100 (Z. 25 ff.)
- Überflutung von Küstenregionen, die unter einem Meter über dem Meeresspiegel liegen, in den nächsten 15–25 Jahren (Z. 20 ff.)
- Gefahr der größten Massenflucht in der Geschichte der Menschheit (Z. 4 f.)

2

- Bedingt durch anhaltende Wärme- und Schadstoffemissionen weiterer globaler Temperaturanstieg
- Anstieg des Weltmeeresspiegels wegen Abschmelzen von großen Mengen Eis und thermischer Ausdehung des Meerwassers
- Gefährdung von Kulturgütern wie der „Kleinen Meerjungfrau“ in Kopenhagen in Küstennähe
- Größere Einflussmöglichkeiten/ Macht der Industrie im Vergleich zur Politik
- Weltklimakonferenz – unnützes Diskutieren/ Gerede ohne positive Folgen